Oliver Horlitz
Pflege und Erhaltung von Pfeifenorgeln

Meinen Eltern

Oliver Horlitz

Pflege und Erhaltung von Pfeifenorgeln

Eine Handreichung zur Werterhaltung
neuer und historischer Orgeln

edition labium
Autorengemeinschaft
FREIMUT & SELBST

Bibliographische Information Der Deutschen Bibliothek
Die Deutsche Bibliothek verzeichnet diese Publikation in der
Deutschen Nationalbibliographie; detailierte bibliographische
Daten sind im Internet über http://dnb.ddb.de abrufbar.

210. Veröffentlichung der Gesellschaft der Orgelfreunde (GdO)

2. Auflage
© 2010 SELBST-Verlag, Potsdam
1. Auflage
© 2004 Verlag FREIMUT & SELBST, Berlin
www.freimutselbst.de
e-Mail: fs@freimutselbst.de
Alle Rechte vorbehalten
Diagramme: bearbeitetes Archivmaterial
Lektorat: Wolf Bergelt
Satz und Layout: SELBST-Design, Berlin
Herstellung und Verlag:
Books on Demand GmbH, Norderstedt
Printed in Germany
ISBN 978-3-837049-97-8

Gedruckt auf chlor- und säurefreiem Papier

Inhalt

Zum Geleit

Wirft man einen Blick zurück in die Geschichte der Orgel, so kann man feststellen, daß sich bei all den zeitbedingten Veränderungen in Stilistik, Technik und Funktion des Instrumentes eines gleichsam als Konstante abzeichnet: die Sorge um das Instrument, beginnend mit dessen Anschaffung und sich fortsetzend in dessen Erhaltung.

Schon das erste deutschsprachige Traktat über Orgelbau und Orgelspiel, der 1511 in Mainz erschienene *Spiegel der Orgelmacher vnnd Organisten* des Kurpfälzischen Hoforganisten Arnold Schlick (um 1455–1525) aus Heidelberg, macht dies deutlich:

„ist vß vil erfarung vnd der music grund fliessende vrsachen nachgeschriebenn Büchlein gesetzt / vnd etlich Regel züsamen brocht zü machung vnd reformirung der Orgell. die das fůrgeenst Instrumententen der music am mainsten stimmen als sechs oder sieben von einen menschen fůrend. Pfleglich in kirchen zům lob gottes / erleichterung Chorgesangs / vnd erquickung menschlichs gemůts vnnd verdruß / gebraucht mit hohem vnd schwerem darlegen vnd costen erzeugt. vnnd doch leichtlich durch vnwissenheit verseůmpt / verderpt / vnd etwan aller cost vergebenlich vff gewent würdt. Durch wellich Regel / so die ym anfang vnnd bereitung / auch miteiltung / vnnd wolfůrung eins iglichen wercks der Orgell. rechts verstands / zügemůt gefast / vnnd sich der selben gebraücht / gehalten / vnd yedem sein proportz geaiget würdt / das werck onzweyffel mit abschneidung viler onuertürftiger arbeitt / Costen vnd kürtzerung der zeit geroten annem gefellig vnd gelopt / vnd befindtlich darauß die frucht dieser Regell erschynen.“

Auch nach beinahe fünf Jahrhunderten ergibt sich die Notwendigkeit, denen, die für eine Orgel kraft Amtes, Auftrag oder Berufung verantwortlich sind, Hilfen an die Hand zu geben, durch die sie ihre Aufgabe bestmöglich erfüllen können. Entstehen doch an dem oft teuersten Ausstattungsstück in Kirchen nicht selten durch unsachgemäße Behandlung, Unwissenheit oder Leichtfertigkeit Schäden, die entweder nur unter Aufwendung hoher Kosten oder vielleicht auch gar nicht mehr zu beheben sind.

Das vorliegende Büchlein steht in einer guten Tradition. Wir wünschen ihm im Interesse des Kulturgutes Orgel eine große Verbreitung und die Beherzigung der Inhalte bei seinen Lesern.

Dr. Martin Kares
Vorsitzender der Vereinigung der
Orgelsachverständigen Deutschlands

Dr. Michael Kaufmann
Leiter der Ausbildungskurse
Orgelsachverständige

„Eine Orgel ist ein solches musikalisches Instrument, da durch Niederdrückung der Palmulen das Pfeifenwerk geöfnet wird, damit es von dem Winde angeblasen werde, und einen gewissen Sonum von sich hören lasse, zur Ergötzung des Gehörs und Beförderung der Ehre Gottes"

Jacob Adlung, Berlin, 1768

„Orgel (griech. organon), das größte Musikinstrument, vorzugsweise zum Kirchengebrauch geeignet, besteht aus dem Pfeifenwerk: Zinn- und Holzpfeifen, dem Regierwerk: Klaviaturen für die Hände (Manuale), eine für die Füße (Pedal) und dem Windwerk: Blasebälge."

Meyers Lexikon, 1928

Einleitung

Lieber Leser,

wenn Sie dieses Buch in der Hand halten, dann wahrscheinlich, weil Sie in irgendeiner Form für eine Orgel Verantwortung tragen.

Schadensverhütung ist in diesem Bereich einfach und vermeidet große finanzielle Belastungen. Es reicht hierfür grundsätzlich aus, das kurze Kapitel 2 zu lesen und die Merkblätter aus Kapitel 8 zu kopieren, zu übergeben (bzw. auszuhängen) und deren Inhalt zu beherzigen.

Sollte es Sie interessieren, welchen Grund der eine oder andere Rat im Merkblatt hat, so finden Sie detaillierte Begründungen hierzu in den Kapiteln 4 bis 7.

Der vorliegende Text ist weitestgehend einer Abschlußarbeit des Verfassers im Studiengang „Schutz europäischer Kulturgüter" entnommen. Einen Hinweis zur Recherche der dieser Arbeit zugrundeliegenden Daten und Informationen finden Sie in Kapitel 3. Die komplette Arbeit können Sie über den Verlag beziehen.

1. Problemstellung

Betrachtet man sowohl neue Orgeln, als auch die Denkmalorgeln in Deutschland, die Kriege, gewollte und erzwungene Vernachlässigung, Reform- und Erneuerungsstürme überstanden haben, so findet sich hier ein großes Spektrum an Produkten des besten gegenwärtigen Kunsthandwerks, wie auch an zum Teil wertvollsten Klangdenkmalen der verschiedenen Epochen und Stile.

Abgesehen von einigen Instrumenten in Museen und Profanbauten befindet sich der weit überwiegende Teil dieser Instrumente in Kirchen. Dabei variiert der Zustand der Orgeln je nach Größe und Engagement der Gemeinden, den vorhandenen Mitteln und dem Einsatz der Kirchenmusiker.

Erfreulicherweise finden immer wieder begeisterte Mitglieder von Gemeinden und Fördervereinen die Kraft, auch große Summen für den Bau neuer Instrumente oder für die Restaurierung von Denkmalorgeln zu sammeln, oft unterstützt von Stiftungen und anderen Sponsoren.

Als Fachbehörden beraten die Landesdenkmalämter bei Restaurierungen. Ausgebildete Orgelsachverständige begleiten bei Neubauten und Restaurierungen die Arbeiten, die von Fachleuten, nämlich den Orgelbauern und Restauratoren, durchgeführt werden. Krönenden Abschluß finden diese Projekte zumeist mit einem Festgottesdienst und einem besonderen Konzertprogramm.

Leider endet damit oft auch die fachliche Betreuung. Und die Aufmerksamkeit, die dem Instrument sowie seinem Zustand entgegengebracht wird, läßt stark nach. Das alleine reicht jedoch noch nicht aus, um zu erklären, warum nicht wenige Orgeln schon einige Jahre nach der Erbauung oder einer Restaurierung unnötig große Schäden und teuren Nacharbeitungsbedarf aufweisen.

Aus den vielen Ursachen lassen sich im Grunde zwei Problemfelder herauskristallisieren:

1. Zum einen mangelnde Kenntnisse bzw. fehlende Ausbildung und daraus resultierend mangelndes Verantwortungsbewußtsein bei denen, die Einfluß auf den Zustand der Instrumente haben.

2. Zum anderen wird schnell klar, daß die Orgel von allen Instrumenten dasjenige ist, bei dem die meisten ungünstigen Umstände zusammenkommen:

Der Eigentümer - fast immer die Gemeinde - hat in der Regel nicht die nötige Fachkompetenz, um über Pflege und Erhaltung der Orgel wachen oder entscheiden zu können.

Dabei ist die Orgel ein Instrument, das dem Musiker, der es spielt, nicht gehört, und bei dem der Musiker in der Regel nicht dazu ausgebildet ist, es zu warten und zu pflegen.

Auch die Küster, die durch ihren Umgang mit dem Kirchenraum großen Einfluß auf den Erhalt der Orgeln haben, sind, soweit bei derzeit knappen Finanzmitteln überhaupt noch vorhanden, in den allerseltensten Fällen hierzu ausgebildet.

Gleichzeitig ist das Instrument in der Regel ortsfest und damit vor den im Raum herrschenden Umweltbedingungen nicht ohne weiteres zu schützen, sollte dies vorübergehend wünschenswert oder notwendig sein.

Selbst Architekten, die Maßnahmen an und in Kirchen planen oder durchführen, sind sich der möglichen Probleme und Schäden, die diese Maßnahmen an Orgeln und anderem Kulturgut verursachen können, mangels Ausbildung, so wenig bewußt, daß sie meist nicht einmal auf die Idee kommen, rechtzeitig Fachleute, d.h. Orgelbauer und Orgelsachverständige, einzubeziehen.

Den Eigentümern, Nutzern und sonstigen auf den Zustand von Denkmalorgeln Einfluß ausübenden Personen eine Hilfestellung zum Erhalt
ihrer Instrumente an die Hand zu geben, ist daher das Anliegen der
vorliegenden Arbeit.

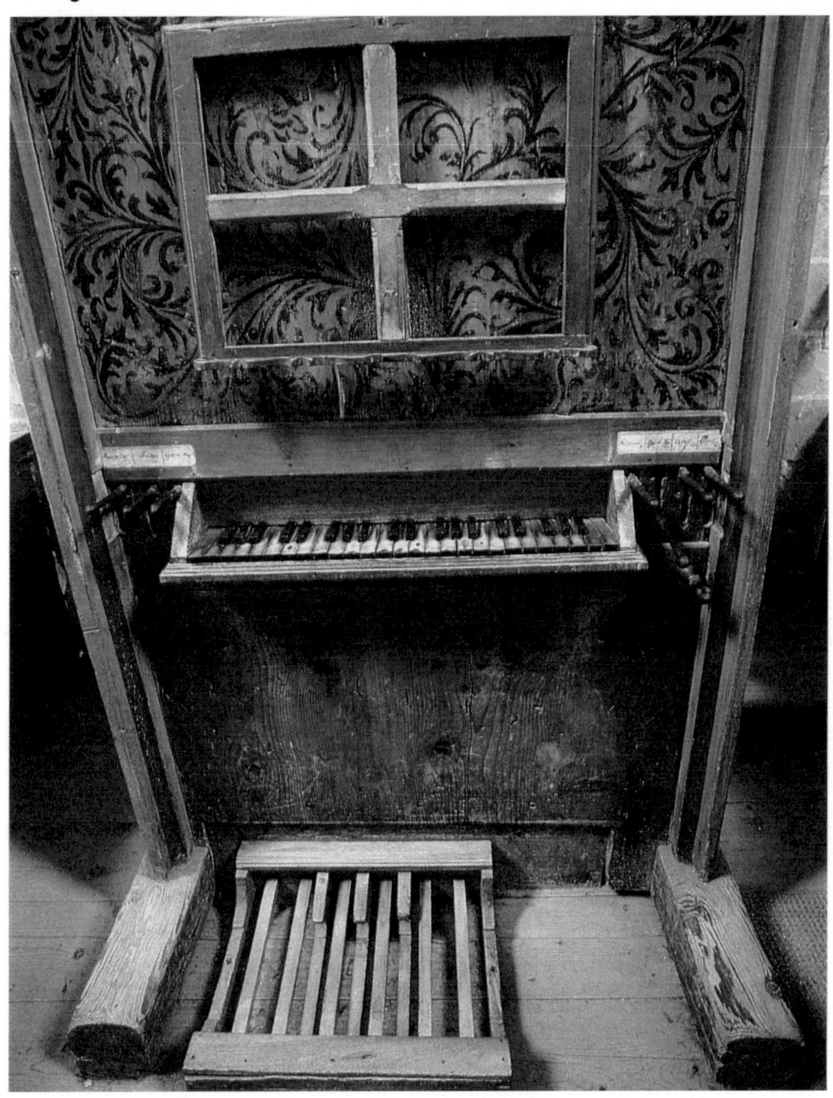

Die älteste spielbare Orgel der Welt in Valère/Sitten, Schweiz...

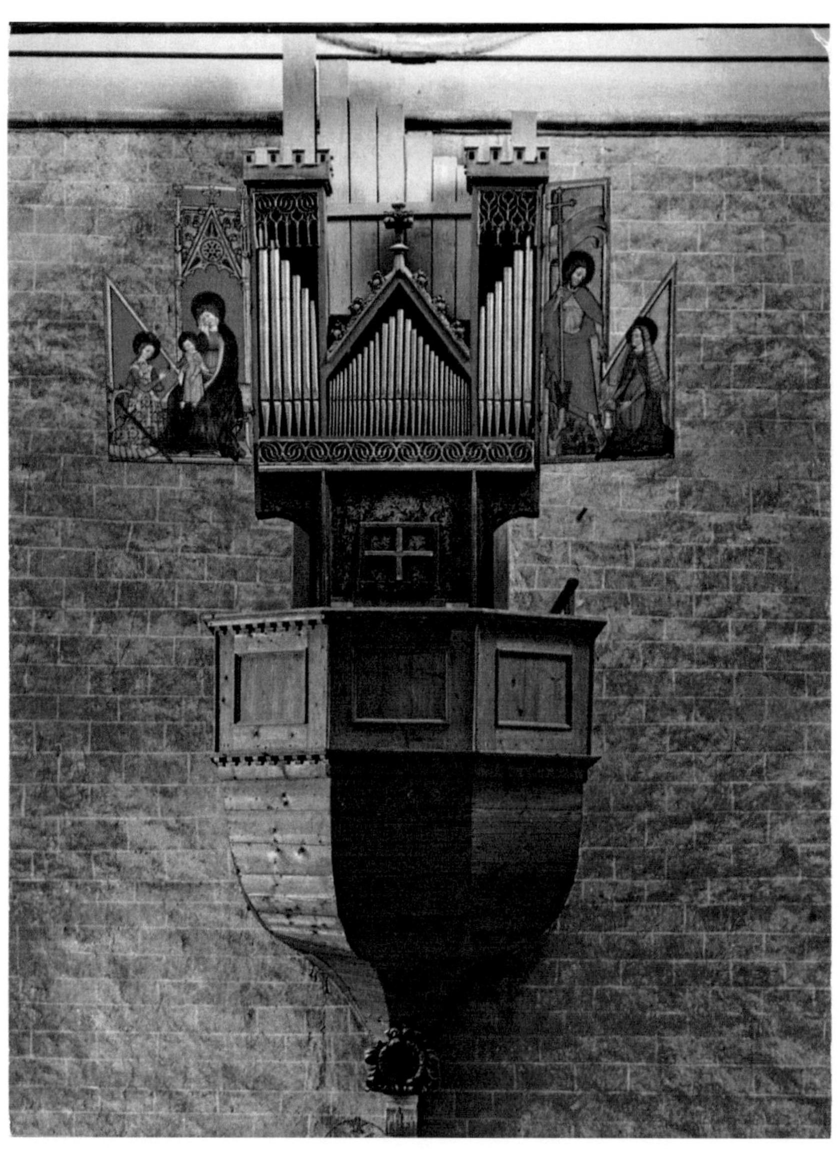

… erbaut 1390

2. Aufbau und Ablauf der Recherche

Die Recherche begann unter der Annahme, daß es Empfehlungen, Richtlinien o.ä. für die Pflege und den Erhalt von (Denkmal)orgeln geben müsse, diese aber nur nicht bekannt oder verbreitet genug seien.

Daher war der Ansatz zunächst, solche Texte zu recherchieren, sie dann inhaltlich zu vergleichen, soweit möglich zu überprüfen und gegebenenfalls auf der Basis dieser Unterlagen eine leicht verständliche und praktisch auch durchführbare Empfehlung zu erstellen.

Eine Bibliotheksrecherche erbrachte dabei keinerlei Ergebnis. Die Quellen, die aufgrund ihres Titels das Thema Orgelpflege zu berühren schienen, beschäftigen sich inhaltlich meist mit Fragen der Restaurierung oder Rekonstruktion.

Daraufhin wurden die 18 Landesdenkmalämter als zuständige Fachbehörden bundesweit angeschrieben, um die Perzeption der Probleme der Orgeldenkmalpflege und das Vorhandensein von Empfehlungen zum Erhalt von solchen Instrumenten zu untersuchen.

Das Ergebnis bezüglich solcher integrierter Orgelpflegekonzepte war durchweg negativ, zugleich wurde öfters großes Interesse am Ergebnis dieser Arbeit signalisiert.

Beispielhaft sei die telefonische Auskunft des zuständigen Mitarbeiters eines Landesdenkmalamtes genannt, der zum Thema Empfehlungen für die Eigentümer und Nutzer sagte, man gäbe ihnen "Hinweise zum richtigen Heizen". Darum gebeten, ein Exemplar dieser Hinweise zur Verfügung zu stellen, war zu erfahren: "das machen wir mündlich, das gibt es nicht in Schriftform".

Da es im Östereichischen Bundesdenkmalamt eine Abteilung Klangdenkmale (Orgeln und Glocken) gibt, wurde die Recherche dorthin ausgeweitet; aber auch dort existieren solche Konzepte nicht.

Um den deutschsprachigen Raum zu komplettieren, ging eine weitere Anfrage an den Konsulenten der eidgenössischen Kommission für Denkmalpflege, Herrn Rudolf Bruhin, der freundlicherweise Material zum Thema Kirchenheizung zur Verfügung stellte.

Über die Vereinigung der Orgelsachverständigen (VOD) wurden weitere Orgelsachverständige kontaktiert. Stellvertretend sei hier Herr Dr. Hans Martin Balz, Orgel- und Glockensachverständiger der Evangelischen Kirche in Hessen und Nassau, genannt, der zu weiteren Einzelaspekten (Pflege- und Wartungsverträge, Kirchenrenovierungen und Reinigung von Orgeln) Material beitrug.

Da all dies noch nicht hinreichend gewesen wäre, um sämtliche Gefährdungspotentiale für Orgeln und Maßnahmen zur Schadensvermeidung zu identifizieren, wurde durch Expertenbefragungen weiter recherchiert. Dies geschah teils in persönlichen Gesprächen, meist jedoch aus zeitlichen und räumlichen Gründen telefonisch.

Bei der Expertenbefragung wurden andere Organologen interviewt, vor allem aber ca. 30 Orgelbauunternehmen aus den verschiedenen Regionen Deutschlands sowie der Schweiz.

Zuletzt wurde auch noch untersucht, inwiefern zwei große Stiftungen (die Deutsche Stiftung Denkmalschutz und die ZEIT-Stiftung) die beide bekanntermaßen Orgelrestaurierungen gefördert haben und fördern, auf Maßnahmen zur Sicherung der Nachhaltigkeit ihrer Förderungsbemühungen im Bereich der Schadensprophylaxe Einfluß nehmen.

Die vorliegende Arbeit versteht sich als erster Schritt zur Verbesserung der Nachhaltigkeit im Orgel(denkmal)schutz. Das praktische Ergebnis sind vier Merkblätter für Eigentümer (Gemeinden), Organisten, Küster und Architekten, als die vier Personengruppen, die den größten Einfluß auf Pflege und Erhalt dieser Instrumente haben.

3. Gefahren- und Schadenspotentiale

Sowohl die Befragung der erwähnten Experten, als auch direkte An-schauung bestätigen, daß die gravierendsten Schäden an Orgeln durch ungünstiges Raumklima entstehen.

Dabei stehen an erster Stelle extreme Trockenheit der Luft und zu schnelle Veränderungen in Temperatur und Luftfeuchte. Stichwörter sind hier vor allem das Heizen und Lüften. Aber auch (Bau-, Maler-) Arbeiten am oder im Raum, sowie Reinigungsarbeiten dortselbst ha-ben oft einen Einfluß auf die Luftfeuchte. Diese Tätigkeiten bringen zumeist ein hohes Verschmutzungspotential mit sich. Schmutz ist nicht nur der Funktion der Orgel abträglich, sondern kann längerfristig auch die Substanz nachhaltig schädigen.

Die zweite große Gruppe an Schadensfällen resultiert aus dem fal-schen Umgang mit der Orgel selbst.

Dazu gehören zu seltene Nutzung, was schnell zu Schäden führen kann, ebenso wie Schäden durch Vandalismus, wenn andere als die Berechtigten Zugang zur Orgel, dem Spieltisch oder gar dem Orgelin-neren haben.

Mangelnde Sauberkeit kann die empfindliche Mechanik wie auch die Klangbildung in einzelnen Pfeifen stören. Selbst fehlende Ordnung im Bereich der Orgel kann zu Schäden führen.

Die Beheizung des Spieltisches und die Beleuchtung desselben sowie des Orgelinneren sind, wenn unsachgemäß, ein Gefahrenpotential bis hin zur Brandgefahr.

Aber auch falsche Behandlung der Orgel, sei es beim Spielen, davor oder danach, kann der Mechanik und anderen Teilen der Orgel Scha-den zufügen.

Geht man davon aus, daß (außer im Falle von Vandalismus) die Schäden unabsichtlich verursacht werden, so kann man nur feststellen, daß der eigentliche Grund die mangelnde Kenntnis und damit mangelhafte Ausbildung der Verantwortlichen ist.

Personengruppen, die hier an einem Strang ziehen müssen, um die Situation zu verbessern, sind die Organisten und Küster, die Orgelbauer, die kirchenmusikalischen Ausbildungstätten, die Orgelsachverständigen, Architekten und die Hochschulen, an denen sie ausgebildet werden, und nicht zuletzt die Sponsoren und die Denkmalämter.

4. Gefahrenabwehr im Raum

4.A Klimaüberwachung

Der weit überwiegende Teil einer Orgel ist aus Holz gefertigt. Das Traggestell, das Gehäuse, die Windladen sowie etliche Teile der Mechanik bestehen in der Regel aus diesem Material. Dies gilt von der ältesten noch spielbaren Orgel (erbaut 1390 in der Wallfahrtskirche Valère in Sitten/Sion in der Schweiz) bis zu den modernsten Instrumenten.

Da Holz von seiner Natur her bestrebt ist, Feuchtigkeitsgefälle zwischen Raumklima und Holzfeuchte auszugleichen und diese Eigenschaft auch durch noch so lange Lagerung oder Alterung nicht verliert, kommt vor allem der Luftfeuchtigkeit und ihren Schwankungen größte Bedeutung zu.

Mit sich ändernder Luftfeuchte ändert sich auch die Holzfeuchte. Holz schwindet und quillt in verschiedene Richtungen unterschiedlich: für den bei Orgeln in Betracht kommenden Bereich zwischen Fasersättigungspunkt und darrtrockenem Zustand beträgt der Schwund in Faserlängsrichtung 0.1%, radial zum gewachsenen Stamm etwa 5%, und tangential sogar 10%[1].

Da die Orgel letztlich ein mechanisiertes Blasinstrument ist, bei dem alle Technik dazu dient, den Luftstrom zuverlässig zur richtigen Pfeife zu bringen, ist leicht vorstellbar, daß winddichte Kästen, Röhren oder Mechanikteile aus Holz bei so starken Ausdehnungsänderungen undicht bzw. unzuverlässig werden müssen. In der Fachliteratur wird davon ausgegangen, daß eine relative Luftfeuchtigkeit zwischen ca. 50% und 70% ideal für den Erhalt von Orgeln sei[2], wobei Überschrei-

---

[1] Schieder, Niclas W., Werkstoffe I (Grundkurs Ausbildung von Orgelsachverständigen), Oskar-Walcker-Schule, Ludwigsburg 2003, S. 4
[2] Albrecht, Peter / Balz, Martin / Bauermann, Klaus / Geitl, Rainer u. Menger, Reinhardt, Kirchenheizung und Orgel, Merkblatt der Evangelischen Kirche in Hessen und

tungen dieses Wertes für ungefährlicher gehalten werden als Unterschreitungen.

Bei Veränderungen der Luftfeuchtigkeit und Über- wie Unterschreitungen der Grenzwerte kommt es aber auch auf die Geschwindigkeit der Veränderung sowie auf die Dauer der Abweichung an. Da sich die Holzfeuchtigkeit mit sich ändernder Luftfeuchtigkeit ebenfalls ändern muß, sind langsame Veränderungen vom Holz leichter zu verkraften, Spannungsrisse treten weniger häufig auf als bei schnellen Veränderungen.

Für die Dauer einer Belastung gilt, daß nur kurzfristige Überschreitungen, wie sie z.B. durch die Transpiration und Atemfeuchtigkeit der Kirchenbesucher während einer Veranstaltung entstehen können, in der Regel besser verkraftet werden, als langfristige Grenzwertverletzungen.

Die Kirchenorgeln, die uns seit mehr als 100 Jahren erhalten sind, überdauerten diese Zeit meist in ungeheizten Kirchen, die man nach heutigen Baustandards als weder gut wärmegedämmt, noch als besonders dicht gegenüber der Außenluft bezeichnen kann. Auch wenn diese Räume Menschen mit heutigen Bedürfnissen nach Wärme und Zugfreiheit nicht zu allen Jahreszeiten sehr behaglich erscheinen, ist es doch gerade dieses Raumklima, das oft gute Voraussetzungen für den Erhalt der Orgeln bot[3].

Allerdings fühlt sich der moderne Mensch meist nur bei den in Wohnräumen üblichen Temperaturen wohl. Daher entsteht oft der Wunsch, diese wenigstens annähernd auch in Kirchen zu bieten, was mit den heutigen technischen Möglichkeiten zunehmend realisierbar ist. Dazu wird oft massiv in die zuvor jahrhundertelang kaum veränderte Bau-

---

Nassau, in Kirchenmusikalische Nachrichten des Amtes für Kirchenmusik, Frankfurt/Main 1998 Heft I.

[3] Badertscher, H., Kirchenheizung und Luftbefeuchtung - Ihr Einfluß auf die Orgeln in den Kirchen, Hrsg.: plascon ag, Basel 1960

physik eingegriffen. Typisch sind hierfür Maßnahmen wie Wärmedämmung von Decken und Wänden, Abdichtung von Fenstern und Einbau von Heizungen.

Daß sich hierbei das Raumklima drastisch ändern kann, ist an sich klar, dennoch wird nur in ganz wenigen Fällen vor Beginn der Maßnahmen, währenddessen und danach eine Klimaaufzeichnung durchgeführt. Gerade diese böte aber die Chance, die Auswirkungen der Maßnahmen und das Ausmaß der Veränderungen zu erkennen, um dadurch frühzeitig korrigierend eingreifen zu können, bevor ungünstige Raumklimawerte zu Schäden an Orgeln und anderem Kulturgut führen.

Ein Thermohygrograph, der im 31-Tage-Betrieb nur einmal im Monat der Bedienung (Papier wechseln und gegebenenfalls die Schreibspitze wechseln) bedarf, ist mit derzeit etwa 600 Euro preiswerter, als auch nur die kleinste klimabedingte Restaurierung an Kulturgut. Wird in Phasen besonders starker Nutzungs-, Heizungs- oder Witterungseinflüsse eine bessere Auflösung als im 31-Tage-Betrieb benötigt, lassen sich diese Geräte auch auf 7-Tage-Betrieb umstellen.

An sich kommt den Aufzeichnungen eines solchen Gerätes vor allem Bedeutung in Hinsicht auf die Luftfeuchtigkeit zu. Da die Daten über den Temperaturverlauf die Deutung der Luftfeuchtigkeitswerte aber erst zuverlässig möglich machen, werden beide Daten in ihrer Synopse benötigt.

In der Praxis raten einige Orgelsachverständige wegen der laufenden unmittelbaren Visualisierung der Temperatur- und Feuchtigkeitsverläufe zu den klassischen Trommelgeräten. Nachteil bei dieser Art von Geräten ist jedoch die Gefahr von Fehlbedienung und des Nichterkennens von Dejustagen (gerade das Hygrometer muß je nach verwendeter Technologie u.U. von Zeit zu Zeit durch das Einwickeln des Gerätes in ein feuchtes Handtuch wieder „aufgefrischt" werden).

Die preiswerteren elektronischen Thermohygrographen sind ihnen heute jedoch oft überlegen. Sie zeigen allerdings meist nur den momentanen Wert. Um hier die vorherigen, gespeicherten Werte ablesen zu können, ist der Anschluß eines Kleindruckers sinnvoll. Denn die nachträgliche Übertragung an den Computer und anschließende Auswertung kommt dort zu spät, wo auf extreme Werte durch Maßnahmen reagiert werden muß. Aufgrund der fallenden Preise für elektronische Geräte ist so eine Kombination aus Thermohydrograph und Kleindrucker auch finanziell keine größere Belastung als ein preiswerter Trommelschreiber.

Zum Klima gehört auch das Thema Sonneneinstrahlung. Dies kann einerseits dort von Belang sein, wo die Orgel z.B. vor einem großen Westfenster aufgestellt ist. Die Abschattung der direkten Sonneneinstrahlung auf das Instrument (und gegebenenfalls die Abdichtung gegen Zugluft) muß hier erwogen werden. Bei modernen Kirchen mit viel Glas können auch Sonnensegel zum Einsatz kommen.

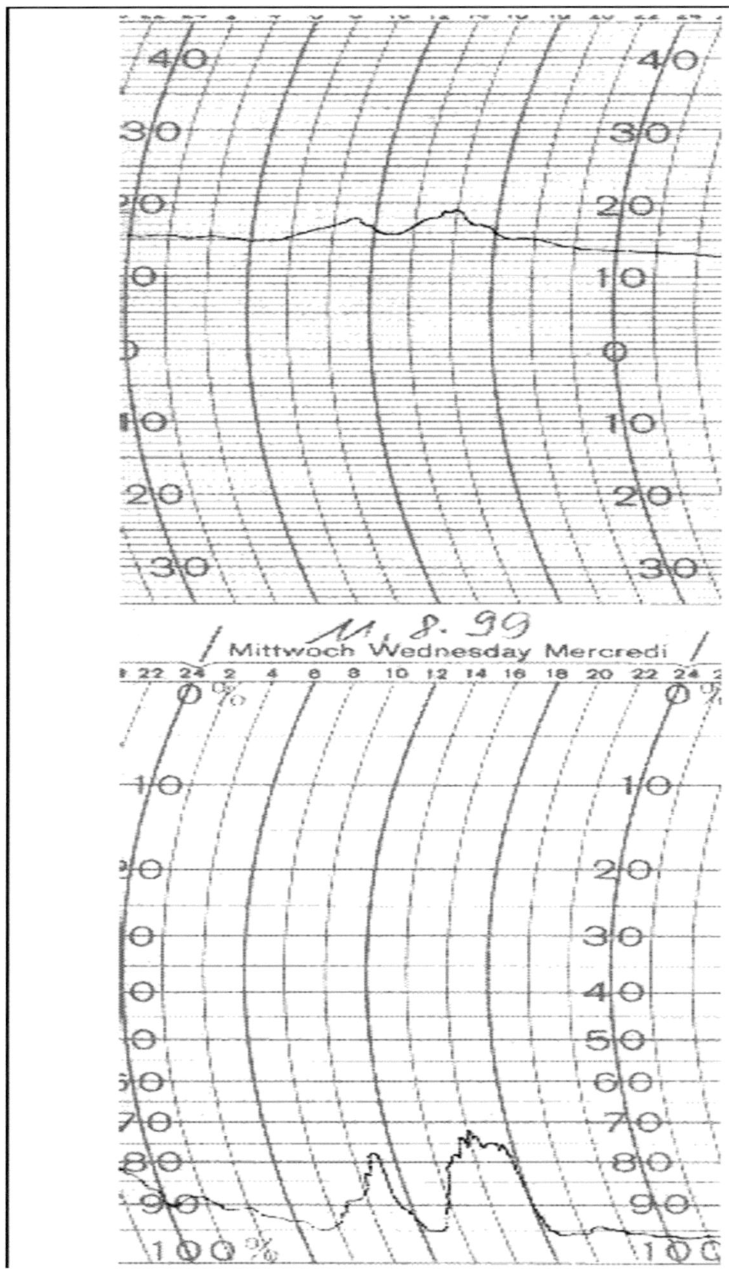

Aufzeichnung eines Thermohygrographen (Trommelschreiber)

4.B Heizung

Großen Einfluß auf die Erhaltung der Orgel hat die Art der Heizung, sowie die Steuerung derselben. Der Leiter des Orgel- und Glockenprüfungsamtes der Evangelischen Landeskirche in Baden und Vorsitzende der Vereinigung der Orgelsachverständigen Deutschlands, Dr. Martin Kares stellt fest: „Nicht etwa die Abnutzung der Technik durch häufiges Spielen, sondern Fahrlässigkeiten und Uneinsichtigkeit etwa beim Bedienen von Kirchenheizungen sind die Hauptursache für Schäden und hohe Unterhaltskosten bei Pfeifenorgeln."[4]

Einfache Systeme, die von einer zentralen Stelle aus die Luft erwärmen, überheizen tendenziell den Bereich der Orgel (sofern diese erhöht auf einer Empore untergebracht ist), bevor sich der Kirchenbesucher im Erdgeschoß des Raumes warm fühlt. Warmluftheizungen mit dezentralen An- und Absaugungen sind meist schonender. Und Heizungen, die mit Strahlungswärme nur den Sitzbereich der Kirchenbesucher erwärmen, sind dies in noch stärkerem Maße, da bei diesen Systemen nicht die gesamte Luft in der Kirche erhitzt werden muß. Hierbei ist nicht nur der Einfluß auf das Klima im Raum geringer, auch ökonomisch und ökologisch ist diese Art der Heizung oft vorteilhafter.

Neben der Fußboden- oder Bankheizung werden zunehmend, wo baulich möglich, Wandheizungen installiert. Auch diese sind weniger problematisch als Systeme mit starker Konvektionswirkung, bis hin zu zentralen Warmluftheizungen mit großer Luftbewegung, die auch noch dazu führen können, daß die Orgel schnell verstaubt. Vorbeugend sollten bei letzteren Filtersysteme eingesetzt, regelmäßig getauscht und die Heizkanäle abgesaugt werden.

Unabhängig vom System sollte eine direkte Einwirkung der Heizung auf die Orgel immer minimiert werden.

---

[4] Kares, Martin, Kleinorgeln, Karlsruhe 1998, S. 105

Wenn der Wunsch nach Einbau einer Heizung erfüllt werden soll, dann kann eine Einflußnahme auf die Auswahl eines geeigneten Systems große Schäden verhindern.

Mindestens ebenso wichtig wie das richtige Heizungssystem ist die richtige Steuerung desselben. So empfiehlt die Evangelische Kirche in Hessen und Nassau in ihrem Merkblatt[5] eine Temperatur von 8 Grad Celsius zwischen und maximal 15 Grad Celsius während der Veranstaltungen. Die Geschwindigkeit der Temperaturveränderung soll nach diesen Angaben 1,5 Grad pro Stunde nicht überschreiten, nach anderen Quellen 1 Grad/Stunde[6]. Ein erfahrenes Kirchenheizungsbauunternehmen nennt gute Gründe, bei wertvollem Interventar unter Umständen auf 0,5 Grad pro Stumde herabzugehen.[7] Wichtig ist, daß das nicht nur beim Aufheizen gilt, sondern ebenso bei der Rückführung der Temperatur nach der Veranstaltung.

Es sei hier aber noch einmal auf den vorherigen Abschnitt hingewiesen; entscheidender als die Temperatur und ihre Veränderungen kann die Luftfeuchtigkeit sein, denn auch das Einhalten der Heizungsempfehlung des BDO[8] garantiert nicht, daß die relative Luftfeuchtigkeit keine katastrophal niedrigen Werte annehmen kann. - Sollte durch falsches Heizen die Luftfeuchtigkeit gefährlich gesunken sein, hilft es, neue Feuchtigkeit in den Raum einzubringen, am leichtesten und schnellsten geht das, wenn man, z.B. über das feuchte Wischen eines Steinbodens, eine große Verdunstungsfläche gewinnen kann.

---

[5] Albrecht, Peter / Balz, Martin / Bauermann, Klaus / Geitl, Rainer u. Menger, Reinhardt, Kirchenheizung und Orgel, Merkblatt der Evangelischen Kirche in Hessen und Nassau, in Kirchenmusikalische Nachrichten des Amtes für Kirchenmusik, Frankfurt/Main 1998 Heft I.

[6] Vereinigung d. Landesdenkmalpfleger i. d. Bundesrepublik Deutschland und Bayerisches Landesamt für Denkmalpflege (Hrsg.), Vorsorge, Pflege, Wartung (Empfehlungen zur Instandhaltung von Baudenkmälern und ihrer Ausstattung), Berichte zu Forschung u. Praxis der Denkmalpfl. in Deutschland, H. 10, München 2002, S. 28

[7] Theod. Mahr Söhne GmbH, Alte Kirchen richtig heizen, Selbstverlag, Aachen, o.J.

[8] Bund Deutscher Orgelbaumeister e.V.

Überlegenswert ist auch der Einbau eines Hygrostatschalters, der die Heizung bei Unterschreitung einer bestimmten relativen Luftfeuchtigkeit abschaltet. Dies erzwingt das Einbringen von Feuchtigkeit, damit die Heizung wieder anspringt - einem Unterlassen aus Bequemlichkeit und den Folgeschäden am Kulturgut wird damit wirksam vorgebeugt.

4.C Lüftung

Das richtige Lüften ist nach oder neben dem Heizen ein weiterer Ansatzpunkt für den Erhalt der Orgel. Abgesehen davon, daß man direkte Zugluft und schnelle Veränderungen der Raumtemperatur vermeiden sollte, kann gezieltes Lüften die relative Luftfeuchtigkeit im Raum positiv beeinflussen.

Bei trockener Luft in geheizten Kirchen im Winter lassen sich Regentage mit feuchter Außenluft zum Lüften nutzen. Umgekehrt kann man einer sehr feuchten Kirche durch Lüften an Tagen mit trockenem Frost Feuchtigkeit entziehen.

Auch hierbei ist es wichtig einen Thermohygrographen zu haben, damit nicht nach Gefühl "im Blindflug" gelüftet wird.

Ein besonderer Fall ist das Lüften bei noch winterkalter Kirche und wärmerer aber feuchter Frühjahrsluft. Hierbei besteht die Gefahr, daß die in der zugeführten Luft enthaltene Feuchtigkeit bei der Abkühlung an kälteren Flächen kondensiert, wobei sich massiv "Schwitzwasser" auch im Orgelinneren niederschlagen kann.

Das auf der folgenden Seite abgedruckte Diagramm erlaubt die Vorhersage, bei welcher Luftfeuchtigkeit und welcher Temperaturveränderung sich ein solcher Zustand einzustellen droht, so daß man in diesem Fall auf das Erwärmen der frühjahrskalten Kirche durch Lüften verzichten muß.

Hier kann man erkennen, wann es zur Kondensation von Wasser aus der Luft kommt. (Kreuzungspunkt von gemessener Lufttemperatur und -feuchte suchen, von dort auf der schrägen Linie nach rechts unten zur 100%-Linie gehen und von dort nach links die Temperatur ablesen, bei der Wasserdampf kondensiert.) Ist die Temperatur der Mauern oder Orgel niedriger als dieser Wert, entsteht Schwitzwasser.

Zuletzt sei noch erwähnt, daß stehende Luft bei Temperaturen unter 15 Grad und hoher Luftfeuchtigkeit (noch verstärkt durch Dunkelheit) ideale Voraussetzungen für das Wachstum von Schimmelpilzen bildet[9]. Hier kann also regelmäßiges Lüften präventiv wirken.

Wo eine externe Lüftung nicht sinnvoll realisierbar ist, können UV-Lampen und geräuschlose Walzenlüfter in der Orgel (unbedingt nur von Fachleuten installieren lassen) zeitschaltuhrgesteuert Schimmelpilz bekämpfen.

Ebenso zum Thema Lüften gehört das Unschädlichmachen der ruß-belasteten Verbrennungsgase von Kerzen. In Kirchen mit hohem Kerzenabbrand können Kerzenstationen mit integrierter Absaugung einer starken Verschmutzung von Malereien, Orgel und anderem Kul-turgut vorbeugen.

---

[9] Schmelz, U., Pilzbefall in Orgeln, Ars Organi 2003 H. 2, S. 88-91

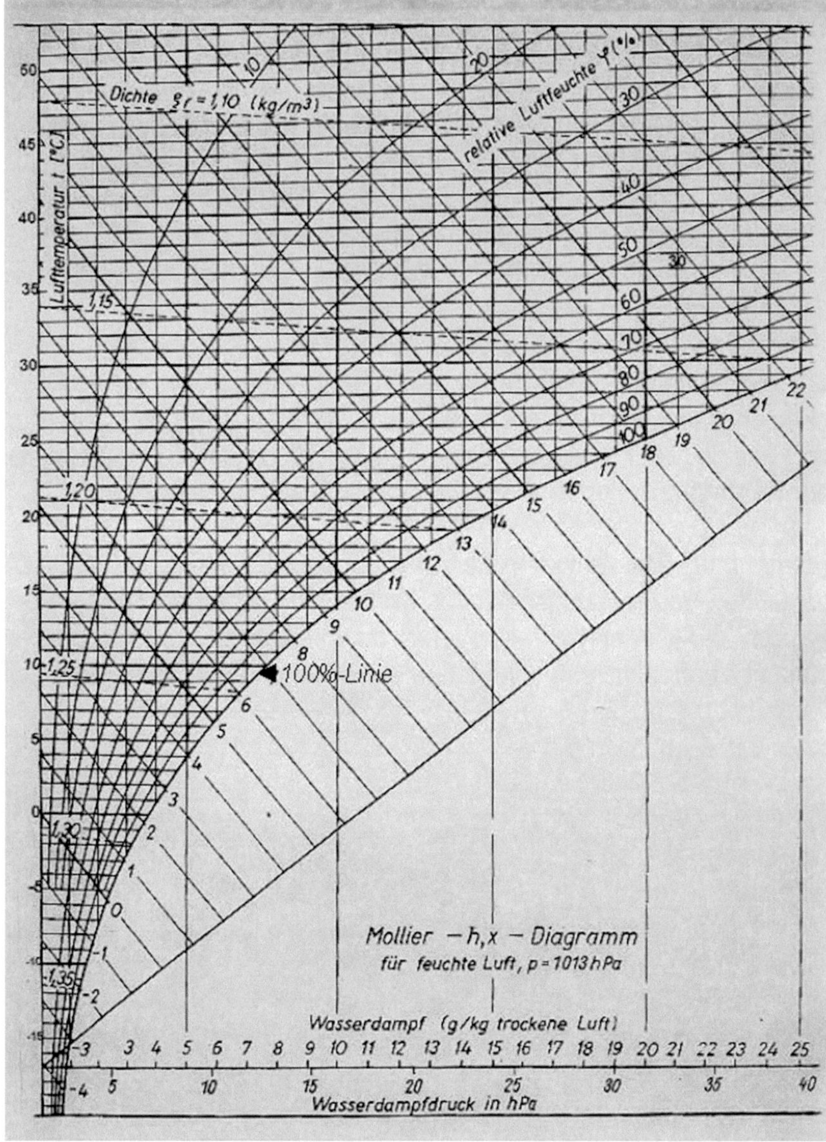

Mollier-Diagramm (h,x-Diagramm)

4.D Arbeiten am/im Raum

Besonders schwere Schäden drohen immer dann, wenn Bau- oder bauähnliche Maßnahmen im Kirchenraum durchgeführt werden.

Das Spektrum reicht von Schäden durch das Hantieren mit sperrigem oder schwerem Gerät (Gerüstbau, etc.) sowie Baumaterialien (der Eimer Farbe, der in die Orgel kippt, ist leider nicht so selten, wie man hoffen würde) über den Eintrag von großen Mengen Feuchtigkeit bei Verputz- oder Malerarbeiten, bis hin zu Arbeiten mit großem Staubanfall, wie Schleif- oder Trennarbeiten.

Werden solche Maßnahmen geplant, dann müssen alle Beteiligten darauf drängen, den Orgelbauer (idealerweise den Orgelbauer, der die Orgel regelmäßig wartet und daher gut kennt) und den Orgelsachverständigen frühzeitig einzubezuziehen, damit Schutzmaßnahmen rechtzeitig geplant und durchgeführt werden können. Leider zeigt die Praxis, daß Architekten sonst allzu oft den Schutz des in der Kirche befindlichen Kulturgutes vernachlässigen.

Selbst wenn an den Schutz der Orgel (und anderen Kulturgutes) gedacht wird, so sind weder Bauherr noch Architekt dazu ausgebildet, die geeigneten Maßnahmen entscheiden zu können. Für die Durchführung solcher Maßnahmen, etwa durch den Bauherrn zwecks Kostenersparnis, gilt dies in noch stärkerem Maße[10].

Als Schutzmaßnahmen kommen unter anderem der Ausbau der empfindlichen Prospektpfeifen und das fachgerechte Einpacken der Orgel durch den Orgelbauer in Frage. Nur dieser kann gewährleisten, daß die Verpackung einerseits staubsicher ist, andererseits aber keine Probleme mit Kondenswasser oder anderen für die Orgel schädlichen Einflüssen entstehen. Er muß hierbei abschätzen, an welchen Stellen eine Verschalung mit Brettern nötig ist, wo spezielle atmungsaktive

---

[10] Vergl. Balz, Martin, Orgelpflege: Kirchenrenovierungen, eine häufig unterschätzte Gefahr für die Orgel, in: Ars Organi 2000 Heft 2

Folien und an welchen Stellen andere (z.b. wasserbindende) Materialien sinnvoll und notwendig sind. Ganz wichtig ist, daß das Auspakken der Orgel nur durch den Orgelbauer erfolgen darf. Vermeintliche Kostenersparnis durch Selbstausführung führt hier erfahrungsgemäß regelmäßig zu kostenträchtigen Schäden. So stellt auch die Vereinigung der Orgelsachverständigen Deutschlands (VOD) über das Auspacken fest: „Hier werden die meisten Fehler gemacht."[11] Das Auspacken darf übrigens nur erfolgen, wenn alle anderen Arbeiten abgeschlossen sind.

Ebenso kann in manchen Fällen ein Teilabbau der Orgel sinnvoll sein, beispielsweise der Ausbau aller Pfeifen und das Abdecken der Windladen mit Folien, z.B. vor Malerarbeiten an der Decke in Orgelnähe.

Schließlich kann es auch Fälle geben, in denen ein Ausbau der gesamten Orgel nötig wird.

Solche Arbeiten bedürfen gerade bei guten Orgelbauern mit hoher Auslastung auch einer gewissen Vorlaufzeit, eine frühzeitige Einbindung dieser Fachleute ist daher unerläßlich.

Selbst bei Arbeiten im Außenbereich der Kirche ist zu prüfen, ob sie durch hohen Staubanfall eventuell auch das Kircheninnere betreffen können. Gegebenenfalls ist dann die Abdichtung von Fenstern und Türen zu erwägen.

---

[11] Vereinigung der Orgelsachverständigen Deutschlands, Orgel-Checkliste für Architekten und Bauleiter bei Kirchenrenovierungen, Karlsruhe, o.J.

4.E Reinigung des Raumes

Das Reinigen der Kirche und ihrer Ausstattungstücke ist ein weiterer Aspekt, der auf die Erhaltung der Orgel Einfluß haben kann. Abgesehen von chemisch aggressiven Mitteln, die im Rahmen des zunehmenden Umweltbewußtseins immer seltener eingesetzt werden, ist vor allem das Verstauben der Orgel die größte Gefahr.

Staub an sich würde - abgesehen davon, daß er klangdämpfend wirkt[12] - nur zur Verstimmung der Pfeifen (durch Absetzen in den Kernspalten der Lippenpfeifen) oder deren Verstummen (durch Festsetzen zwischen Zunge und Kehle bei Zungenpfeifen) führen, was sich nur durch eine, wenn auch aufwendige und kostenintensive Reinigung beheben ließe.

Allerdings kann, ungünstige klimatische Bedingungen vorausgesetzt, eine Staubschicht auch den Befall mit Schimmel begünstigen, einerseits durch Eintrag von Sporen, andererseits als Nährboden für Schimmelpilze.

Bei geheizten (und im Winter tendenziell zu trockenen) Kirchen ist das feuchte Wischen von Böden häufig positiv für das Raumklima, während gleichzeitig das Aufwirbeln von Staub vermieden wird.

Wenn nicht gewischt wird, wird oft zum Staubsauger gegriffen, hier unterscheiden sich die Einschätzungen verschiedener Orgelbauer. Einige stellen bei Orgeln, die in Kirchen stehen, in denen gesaugt wird, eine beschleunigte Verstaubung fest und schreiben dies der Luft- und Staubbewegung durch den Staubsauger zu. Andere halten Saugen für eine gute Möglichkeit, und vermuten bei negativen Erfahrungen von Kollegen den Einsatz veralteter Staubsauger ohne Filter an der Ausblasöffnung. Hier müßte eine genauere Untersuchung Klärung schaffen.

---

[12] Balz, Martin, Orgelpflege Teil II: Reinigungen, Ars Organi 1999 H. 2

In jedem Fall die schlechteste Lösung ist das trockene Fegen von Kirchenböden, da hierbei mehr Staub in die Luft bewegt wird, als bei jeder anderen Methode.

Was die Reinigung der sonstigen Ausstattung der Kirche angeht, gilt das für die Böden erwähnte analog: Allerdings muß vor einem feuchten Abwischen von Kulturgut im Gespräch mit Fachleuten (Restauratoren) geklärt werden, bei welchen Objekten dies zur Schadensverhinderung zu unterbleiben hat. Wenn bei solchen Objekten auch ein trockenes Abwischen zu Substanzverlusten, z.B. an der Farbfassung führen kann, muß eine Reinigung durch andere als den Restaurator ganz unterbleiben.

Was das Reinigen der Orgel selbst angeht, so verteilen sich die Aufgaben auf den Organisten und den Orgelbauer, siehe hierzu die Abschnitte 5.C und 6.B. Der Küster oder etwa die Reinigungskraft haben an oder gar in diesem komplexen und empfindlichen Instrument nichts zu suchen.

5. Gefahrenabwehr am/im Instrument

5.A Regelmäßige Nutzung des Instruments

Wichtig für den Erhalt der Funktionsfähigkeit einer Orgel ist die regelmäßige Benutzung. Dies hat mehrere Gründe:

- zum einen oxidieren Metallteile schneller, die nicht regelmäßig bewegt werden,
- zweitens sammelt sich auf den bewegten Teilen weniger leicht Staub,
- drittens verringert die regelmäßige Nutzung des Instrumentes auch die Gefahr des Einnistens von Untermietern wie Fledermäusen oder Mäusen und
- schließlich wird bei regelmäßiger Nutzung des Instrumentes (idealerweise regelmäßig auch durch die gleiche Person) ein Schaden schon frühzeitig in der Entstehung bemerkt, wodurch man die Ausweitung desselben verhindern kann.

Gerade in Kirchen, die nicht geheizt und aufgrund des Vorhandenseins eines geheizten Ausweichraumes im Winter längere Zeit nicht benutzt werden, ist es wichtig, wenigstens jede Woche etwa 10 Minuten auf dem Instrument zu spielen (wie es z.B. der Organist des Brandenburger Domes an der Joachim-Wagner-Orgel auf Anraten des betreuenden Orgelbauers praktiziert). Aus der Sicht des Orgelsachverständigen sollte dabei gewährleistet sein, daß alle Tasten Ton für Ton gespielt werden. Dabei sollten alle Register gezogen sein, so hat man den maximalen Effekt.

Auch außerhalb der Winterzeit ist es sinnvoll, in Kirchen, in denen nicht wöchentlich Gottesdienste stattfinden, zumindest durch das Einräumen von Übungsmöglichkeiten für Interessierte die regelmäßige Nutzung des Instrumentes sicherzustellen.

5.B Zugang zum Instrument

Da immer wieder Schäden durch Neugierige oder gar Böswillige entstehen (von der Beschädigung bis hin zum Diebstahl von Pfeifen), ist ein guter Weg dies zu verhindern, Unberechtigte erst gar nicht in die Nähe der Orgel zu lassen, d.h. wo möglich die Empore abzuschließen. Wo das nicht möglich ist, z.B. bei Aufstellung im Chorraum, muß wenigsten der Spieltisch oder Spielschrank verschlossen werden.

In jedem Fall, auch bei abgeschlossener Empore, darf der Zugang zum Inneren des Instrumentes ohne einen separaten Schlüssel nicht möglich sein. Schlüssel für das Innere der Orgel sollten außer beim Organisten nur noch beim Pfarrer oder im Gemeindebüro für Notfälle, gegebenenfalls auch beim betreuenden Orgelbauer vorhanden sein.

Der verantwortliche Organist behält einen sicheren Überblick über die Schlüssel zum Orgelinneren und vor allem über die meist zahlreicheren Schlüssel zum Spieltisch/Spielschrank, indem er eine Liste über die ausgegebenen Schlüssel führt.

Bei Arbeiten im Instrument besteht die Gefahr von (unbeabsichtigten, zunächst auch unbemerkten) Schäden an den empfindlichen Pfeifen, zumal gerade kleine Pfeifen, etwa Mixturpfeifen oft dicht am Stimmgang stehen. Auch die Abstrakten der Traktur brechen schon bei geringem Druck. Daher sollte die Orgel nur mit enganliegender Kleidung betreten werden. Ein Overall kann hier hilfreich sein, zum Schutz der Orgel, aber auch zum Schutz der Kleidung des Organisten, z.B. wenn kurz vor einem Konzert Zungenstimmen nachgestimmt werden müssen.

5.C Sauberkeit

Verschmutzungen der Orgel können in verschiedener Hinsicht zu Schäden führen. Wie schon unter 4.E erwähnt, kann dadurch in bestimmten Fällen der Befall mit Schimmel begünstigt werden. Aber auch andere Schadensbilder sind denkbar. Insofern ist es sinnvoll, den Schmutzeintrag von vornherein durch geeignete Maßnahmen gering zu halten.

Zusätzlich zu Fußmatten am Kircheneingang wäre beim Zugang zur Empore eine weitere Matte auszulegen. Den unmittelbaren Schutz der Pedalklaviatur unterstützt ein Schuhschränkchen, in dem der oder die Organisten ihre Orgelschuhe aufbewahren können, so daß nicht mit Straßenschuhen gespielt wird. Trotzdem sammeln sich gerade unter Pedalklaviaturen häufig viel Dreck und Abfälle, was den Befall mit Motten begünstigt, der dann sehr schnell auch auf die Filzgarnituren der Tasten und Registerschalter übergehen kann. Eine regelmäßige Reinigung durch den Organisten baut hier vor.

Eine häufige Störungsquelle ist das Radieren in Noten auf dem Notenbrett. Der hierbei entstehende Abrieb fällt leicht zwischen die Manualtasten und führt im günstigsten Falle zur Notwendigkeit sonst unnötiger und teuerer Reinigung der Mechanik durch den Orgelbauer, unter Umständen aber sogar zu Schäden in der Mechanik durch den erhöhten Kraftaufwand, der nötig ist, um die Obstruktion durch die Gummispäne zu überwinden. Vorbeugen ist einfach, indem man die Noten zum Radieren vom Notenbrett nimmt und auf der Orgelbank radiert.

5.D Ordnung

Auch Ordnung im Bereich der Orgel kann Schäden vermeiden. Nicht nur an extreme Szenarien, wie gestapelte Stühle, die in die Pfeifen fallen können oder andere Hindernisse, die im Notfall (Schwelbrand in der Elektrik, Brandgeruch) den Zugang zum Orgelinneren verbauen, ist dabei zu denken. Die in manchen Kirchen geübte Sitte, daß die Chormitglieder ihre Gesangsbücher feinsäuberlich in den Zwischenräumen der Prospektpfeifen ablegen und diese mit der Zeit beschädigen, sei hier nur beispielhaft erwähnt.

5.E Beheizung des Spieltischbereiches

Eine besonders problematische Aufgabe ist die Beheizung des Spieltischbereiches. So verständlich es ist, daß der Organist nicht winterkalt Orgel spielen kann und will, so problematisch ist die Lösung dieser Aufgabe. Jeder Orgelbauer kennt aus eigener Anschauung noch Orgeln, an denen über den Manualen ein Heizstrahler angebracht ist, der mit einer rotglühenden Heizwendel nicht nur die Hände des Organisten erwärmt, sondern auch dafür sorgt, daß sich mit der Zeit die Tastenbeläge von den Tasten lösen und die Beläge bisweilen verkohlen. Schlimmstenfalls, bei unterlassenem Abschalten, kann hier die Brandursache für den Totalverlust der Orgel[13] liegen.

Da jede Strahlungsheizung, die in Richtung Orgel strahlt, die Substanz der Orgel bedroht, müssen Infrarotstrahler von der Orgel weg (eventuell rechts und links des Spieltisches) zum Organisten hin ausgerichtet werden. Unproblematischer ist eine Beheizung der Orgelbank, entweder in diese integriert oder als Heizkissen. Gleichzeitig Heizung und Schutz gegen Zugluft sind Wärmeparavents, die man in der warmen Jahreszeit wegstellen kann. Diese sind mit Wärmestrahlungsfolien belegt, die eine Oberflächentemperatur von etwa 50 Grad nicht überschreiten. So sind Verkohlungen und Brände ausgeschlossen. Eine solche Folie kann man auch unter die Pedalklaviatur legen.

Erwähnung verdient noch die Möglichkeit des Einbaus einer Tastaturheizung, die allerdings bei erhaltenen historischen Klaviaturen nicht in Betracht kommen kann.

In jedem Fall sollten bei Einsatz jedweder Art von Heizung im Orgelbereich technische Maßnahmen zur Schadensverhütung getroffen werden (siehe hierzu Abschnitt 5.H).

---

[13] So vermutet beim Brand der Renaissance-Orgel in St. Georg in Nördlingen am 02.02.1974, vergl. a. Dietrich, Dagmar, "Der Kirchenbau und seine Ausstattung", Arbeitsheft 13, Hrsg. Bayerisches Landesamt für Denkmalpfl., München 1982, S. 57

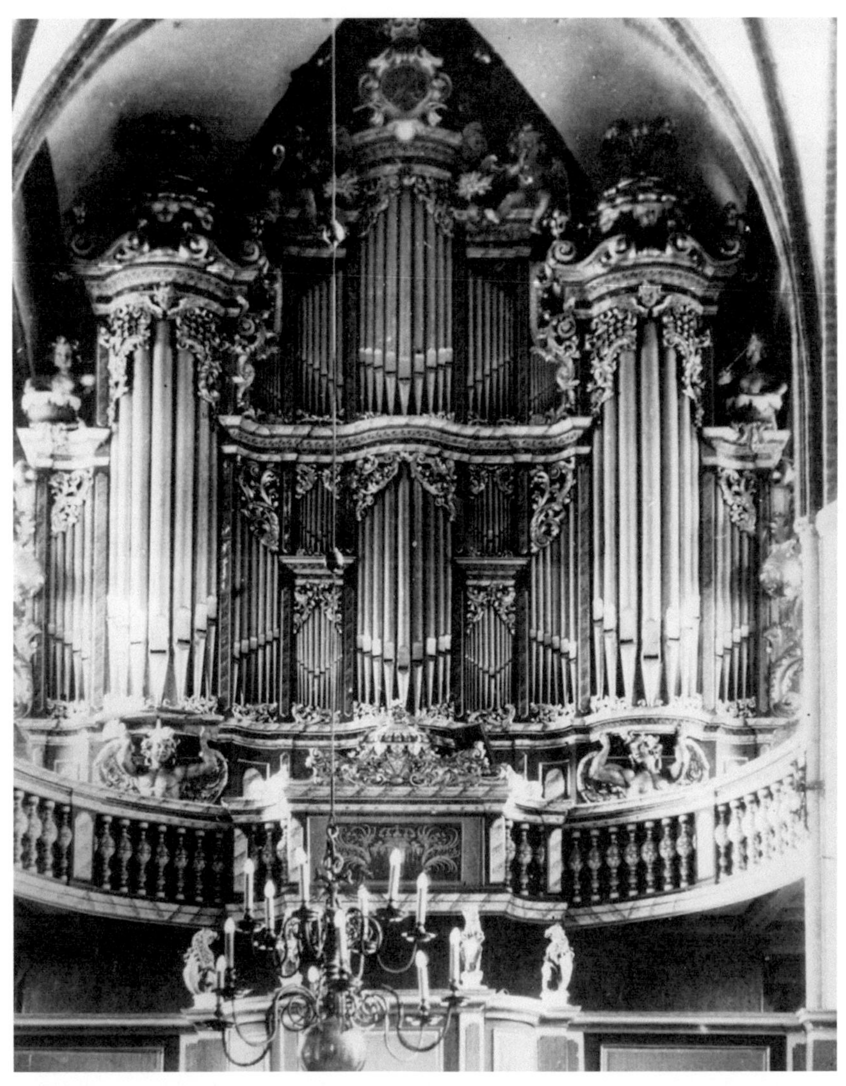

Der reich ausgestatte Prospekt der 1737 von Joachim Wagner erbauten
Orgel in St. Gotthardt zu Brandenburg a.d. Havel vor …

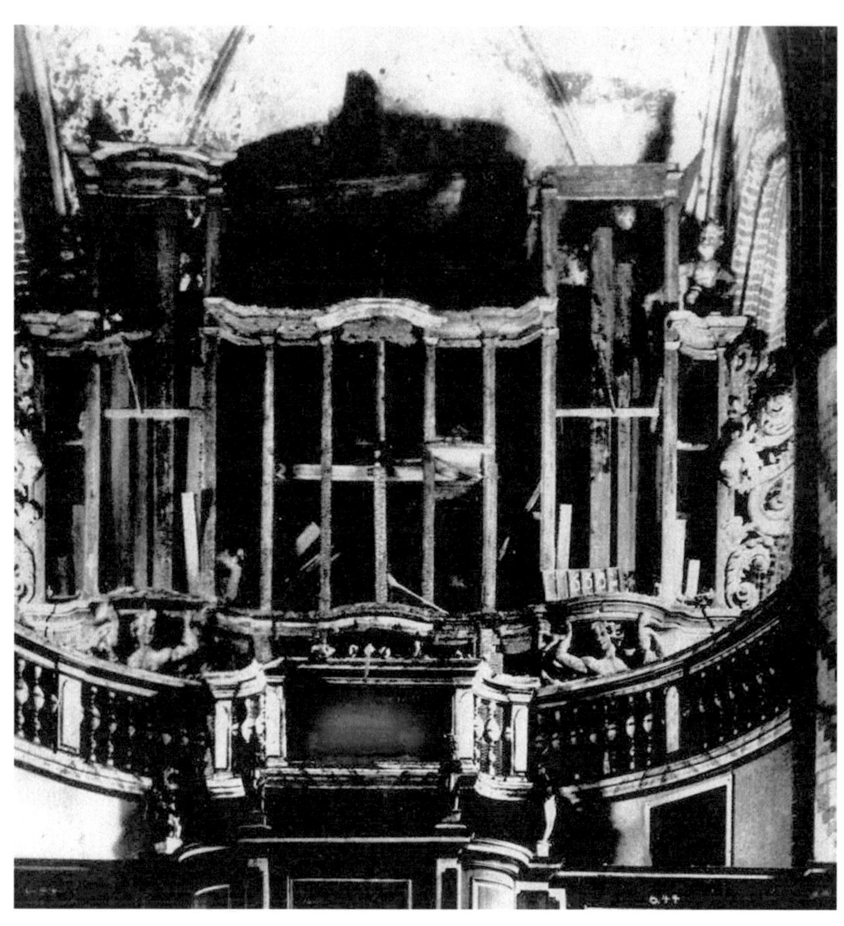

... und nach dem 1972 durch Heizstrahler verursachten Brand

5.F Umgang mit der Orgel

Der Organist als Nutzer der Orgel hat naturgemäß großen Einfluß auf die Erhaltung derselben. So kann er, wenn er regelmäßig am selben Instrument spielt, frühzeitig Veränderungen des Klanges oder der Spielweise bemerken, was oft ein erster Hinweis auf einen Schaden ist. Schäden an der Orgel können aber nicht nur durch einfühlsames Spielen vermieden werden, auch das Abschalten der Koppeln nach dem Spiel vermeidet unnötige Belastungen der Mechanik. Eine weitere schädliche und vermeidbare mechanische Belastung ist es, bei sehr eng zwischen Orgel und Emporenbrüstung oder Rückpositiv eingebautem Spieltisch, mit vollem Gewicht auf die Pedalklaviatur zu treten, um auf die andere Seite des Spieltisches zu gelangen.

Ebenso muß sichergestellt sein, daß der Gebläsemotor der Orgel, die Beleuchtung und eine eventuell vorhandene Heizung im Orgelbereich vor Verlassen der Orgel abgeschaltet werden.

Falls ein Schwellwerk vorhanden ist, müssen die Jalousien nach dem Spiel geöffnet werden, damit bei Temperaturänderungen sich dort das gleiche Klima einstellen kann, wie im Rest der Orgel. Bei neueren Instrumenten, wo hierfür nicht in historische Substanz eingegriffen werden muß, kann eine Einrichtung zum automatischen Öffnen der Schwellwerkstüren beim Ausschalten der Orgel eingebaut werden.

Zungenstimmen in der Orgel müssen regelmäßig gestimmt werden, da sich sonst durch Ansammeln von Schmutz unter der Zunge bis hin zur Oxidation des Zungenblattes, Störungen und schließlich durch störungsbedingten Nichtgebrauch auch Schäden bilden können. Darüber hinaus ist das Stimmen der Lingualpfeifen meist der einzige Anlaß, aus dem der Organist das Innere der Orgel sieht oder betritt, was auch zum frühzeitigen Erkennen von Gefahren oder Schäden beiträgt. Der Bund Deutscher Orgelbaumeister (BDO) empfiehlt in einem Merkblatt[14] "vierzehntägiges, in der Heizperiode wöchentliches" Stimmen der Zungenregister.

Je nach Instrument muß der Organist auch die Traktur nachregulieren können. Bei ungeheizten Kirchen im Winter strafft sich die Traktur, die Tasten liegen hoch, eventuell treten Heuler (Dauertöne) auf. Im Sommer, bei wärmerer Witterung tritt das Gegenteil ein, die Tasten liegen tief, teilweise so tief, daß der verbleibende Tastenfall nicht reicht, um das Ventil zu öffnen und Töne versagen. Versucht man dann durch verstärkte Krafteinwirkung doch noch Töne zu entlocken, drohen Schäden. Der Organist kann selbst durch das Nachstellen von Ledermuttern, die auf Gewindedrähten sitzen, Tastenlage und -fall regulieren. Der Orgelbauer weist ihn auf Wunsch in Lage und Zugang der Regulierungsstellen ein.

Der Motor des Gebläses muß, zumindest bei älteren Modellen, auch zwischen den turnusmäßigen Wartungsterminen des Orgelbauers geölt werden, um Lagerschäden zu vermeiden (Gebrauchsanweisung beachten).

Um die Orgelbank zu schonen, muß sogar auf geeignete Kleidung geachtet werden, manche moderne Freizeithose oder Jeans hinterläßt eine deutliche Spur der Nieten auf der Orgelbank.

5.G Fehlerheft

Eine wichtige Hilfe für das Erkennen von Störungsmustern und Schadensursachen ist oft das Führen eines Fehlerheftes. Hier trägt der Organist auftretende Probleme so exakt wie möglich ein.

Zusammen mit den vom Thermohygrographen zum Zeitpunkt des Auftretens der Störung abgelesenen Daten ermöglicht dies dem Orgelbauer bei seinem nächsten Besuch, den Fehler effektiv einzukrei-

---

[14] Bund Deutscher Orgelbaumeister e.V. (Hrsg.), Warum muß eine Orgel gewartet werden, Merkblatt, München 1983

sen. Ohne Fehlerheft ist dies nur schwer möglich, da zwischen Auftreten einer Störung und Reparaturtermin durchaus einige Zeit vergehen kann.

Ein über längere Zeit korrekt geführtes Fehlerheft kann zusammen mit den Klimaangaben sogar zur Schadensprophylaxe dienen, da in dieser Zusammenschau auch mancher noch kleine Substanzschaden erkennbar wird und eine Ausweitung desselben dadurch vermieden werden kann.

5.H Technische Maßnahmen

Schadensverhindernd oder zumindest -begrenzend können technische Maßnahmen eingesetzt werden.

Der Hauptschalter für die Elektrik auf der Empore schaltet nicht nur die Beleuchtung dort ab, sondern auch den Orgelmotor und die Heizung im Spieltischbereich, falls deren eigene Ausschalter nicht betätigt wurden. So ein Hauptschalter erhält eine Kontrolleuchte, damit der Organist beim Verlassen des Orgelbereiches erinnert wird, diesen zu betätigen. Alternativ dazu gibt es Schlüsselschalter, bei denen der Schlüssel nur im abgeschalteten Zustand abgezogen werden kann oder man baut eine Zeitschaltuhr ein, welche die Elektrik beispielsweise nach 3 Stunden ausschaltet.

Eine Alarmanlage kann nicht nur Schäden durch Vandalismus vermeiden helfen, sie schafft auch die Möglichkeit, zumindest einen Teil des Kirchenraumes ohne Aufsichtspersonal dem Besucher zugänglich zu machen. An die Alarmanlage lassen sich u.a. Rauchmelder anschließen, so daß Brände frühzeitig gemeldet werden.

5.I Informationen am Instrument

Manche Informationen sollten am Instrument angebracht werden, um wartungsbedingte Schäden zu vermeiden. Innen an der Zugangstür kann die Angabe der Stimmtonhöhe und der gelegten Temperatur (bei seltenen historischen Stimmungen gegebenenfalls mit genauen Cent-Werten) verhindern, daß bei Stimmung durch einen sonst nicht mit dem Instrument befaßten Orgelbauer das historische Pfeifenmaterial durch eine Umstimmung auf gleichstufige Temperatur unnötig belastet oder beschädigt wird. Auch die Angabe des Winddruckes (sowie evtl. die Zahl der Steine auf der Platte des Magazinbalges) ist hier gut aufgehoben.

In besonderen Fällen kann vermerkt werden, wer die Zugangstür zum Instrument öffnen darf, um Zweifelsfälle von vornherein auszuschließen, wie es zum Beispiel bei der ältesten Orgel Thüringens in der Schloßkirche Wilhelmsburg in Schmalkalden[15] praktiziert wird.

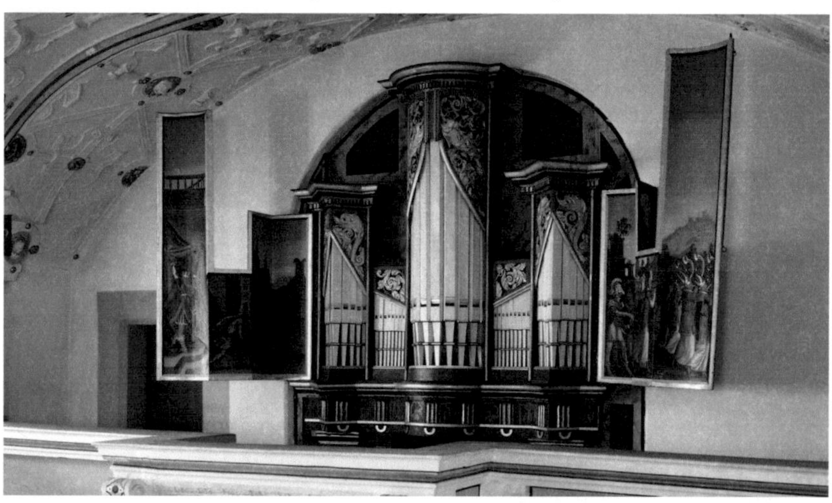

Die älteste erhaltene Orgel Thüringens in der Schloßkirche Schmalkalden, erbaut 1585 - 1589 von Daniel Mayer aus Göttingen

---

[15] lt. Auskunft von Frau Annette Bohrloch, freie Restauratorin, an diesem Instrument tätig im Auftrag der Stiftung Thüringer Schlösser und Gärten.

6. Gefahrenabwehr durch Verantwortliche

Es stellt sich die Frage, durch welche Maßnahmen dazu beigetragen werden kann, bei den für den Erhalt der Orgeln Verantwortlichen das Bewußtsein eben dieser Verantwortung zu schaffen, zu vertiefen und deren Erfolg zu sichern.

6.A Organisten

Auch wenn aufgrund der Umstände verschiedene Organisten an einem Instrument wirken, so ist es doch wichtig, daß ein verantwortlicher Organist bestimmt wird. Um diesem seine Verantwortung zu verdeutlichen und seine Aufgabe zu erleichtern, ist eine förmliche Übergabe des Instrumentes durch die Gemeinde in seine Obhut sinnvoll.

Das Übergabeprotokoll sollte dann zumindest folgende Informationen enthalten:

- Beschreibung des Instrumentes, Geschichte, Erbauer, Baustufen/ Veränderungen

- Zustand des Instrumentes, bekannte Mängel und Schäden, Zeitpunkt der letzten Restaurierung bzw. größerer Arbeiten am Instrument, Existenz eines Wartungsvertrages, letzter und nächster Wartungstermin (vertragliche Aufgaben des Orgelbauers und Kontaktinformation beifügen)

- Liste der Schlüsselbesitzer

- Merkblatt zum Umgang mit der Orgel

- gegebenenfalls Auflagen und Einschränkung der Nutzung

- Verhalten im Schadensfall

Wenn möglich, sollte gleichzeitig ein Einweisungstermin durch den Orgelbauer vereinbart werden, damit der Organist in die Regulierung der Trakturen (bei historischen Orgeln ohne selbstspannende Traktur oft zweimal jährlich nötig) und andere von ihm selbst auszuführende Handreichungen (Motor ölen, etc.) eingewiesen werden kann.

6.B Orgelbauer

In jedem Fall sollte ein Wartungsvertrag mit einem seriösen Orgelbauunternehmen abgeschlossen werden. "Der Wert, den eine gute, funktionstüchtige und wohlklingende Orgel darstellt, wird durch einen Wartungsvertrag mit recht geringen Kosten erhalten (...) Ein Orgelwartungsvertrag dient also der Vermögenssicherung."[16]

Eine turnusmäßige Wartung ist immer preiswerter, als die Behebung unentdeckt gebliebener Schäden. Ganz besonders wichtig ist ein Wartungsvertrag, wenn der zuständige Organist nur geringe Kenntnisse in der Orgelkunde hat und daher Schäden nicht frühzeitig selbst entdecken kann.

Zum Abschluß eines Wartungsvertrages zwischen Gemeinde und Orgelbauer ist es nicht nur sinnvoll, sondern auch in vielen Fällen kirchenbehördlich vorgeschrieben (bzw. der Vertrag genehmigungspflichtig), einen Orgelsachverständigen beizuziehen, der die Interessen der Gemeinde fachkundig vertritt und bei der Gestaltung der Vertragsinhalte mitwirkt.

Gerade Häufigkeit, Art und Umfang der Wartungsmaßnahmen determinieren letztlich den Erhalt der Orgel. Hier kann ein zuwenig ebenso schädlich sein, wie ein zuviel - man denke nur an jährliche Generalstimmungen bei auf Länge geschnittenen Pfeifen (in manchen Verträgen vorgesehen) - eine sichere Methode die Substanz schnell nachhaltig zu schädigen. Nachstimmungen bei Labialpfeifen können auch sehr schonend durchgeführt werden, nicht selten genügt eine vorsich-

---

[16] Balz, Martin, Zur Bedeutung von Orgelpflegeverträgen, in: Ars Organi 1998 Heft 2

tige Entfernung von Verunreinigungen. Dem Orgellbaumeister Rudolf von Beckerath (1907 - 1976) wird der Ausspruch zugeschrieben: „Meistens stimme ich mit dem (Staub-) Pinsel.“

In der Regel ist ein nicht allzuweit entfernter Orgelbauer vorzuziehen, der im Störungs- oder Schadensfalle schneller beigezogen werden kann. Ob der in Erwägung gezogene Orgelbauer zu empfehlen ist, kann am ehesten der Orgelsachverständige beurteilen.

Im Wartungsvertrag wird festgelegt:

- der Turnus der Inspektion,

- Umfang und Art der eigentlichen Wartungsarbeiten (Kontrolle des Tastenganges, der Kopplungseinstellung, des Schleifenauszuges wie der gesamten Registersteuerung, Untersuchung auf Abnutzungserscheinungen und Schädlingsbefall,

- die Vorgehensweise hinsichtlich der Stimmung

- und das dafür fällige Entgelt.

Zur Stimmung (i.d.R. Nach- bzw. Teilstimmungen) ist noch zu erwähnen, daß sich Labialpfeifen eigentlich nur durch Verschmutzung verstimmen können (das gilt für offene Pfeifen, bei gedeckten Pfeifen können Hüte oder Spunde verrutschen). Ist dieser Verstimmungsprozeß, durch sich in den Kernspalten der Pfeifen ansammelnden Staub ein einigermaßen geringer und gleichmäßiger, so reicht es meist, die "Ausreißer" beizustimmen. Bei weit in der Stimmung abweichenden Pfeifen untersucht der Orgelbauer, ob eine ungewöhnlich starke Verschmutzung eingetreten ist (z.B. durch tote Fliegen oder herabgefallenen Putz) und beseitigt diese.

Würde man jedes Jahr die gesamte Orgel auf exakte Tonhöhe stimmen (Generalstimmung), wäre das - abgesehen von unnötigen Kosten - eine große Materialbeanspruchung, insbesondere dort, wo historische, auf Tonhöhe geschnittene, Pfeifen ohne spezielle Stimmeinrichtungen noch erhalten sind. Bei der etwa alle 15 - 25 Jahre fälligen Revision der Orgel (die nicht zum Leistungsumfang eines Wartungsvertrages gehört, auf deren sinnvollen Zeitpunkt der Wartende aber hinweist), bei der auch das gesamte Pfeifenwerk ausgehoben und fachgerecht gereinigt wird, müsste man die im Laufe der Jahre der Verschmutzung hinterhergestimmte Stimmung wieder zurückkorrigieren, eine weitere sehr große Belastung, die sich vermeiden läßt.

6.C Küster

Analog zur Entwicklung der allgemeinen wirtschaftlichen Lage, aber auch den abnehmenden Mitgliederzahlen mancher Gemeinde entsprechend, werden immer mehr Küsterstellen in der Arbeitszeit reduziert, Vollzeitstellen durch Teilzeitstellen ersetzt und Stellen nach Ausscheiden teilweise gar nicht mehr neu besetzt. Das führt dazu, daß zunehmend die zuvor von Küstern ausgeübten Tätigkeiten in der Kirchenpflege unterbleiben oder durch hilfsbereite, aber unausgebildete Laien durchgeführt werden. Gerade in diesen Fällen, in denen ehrenamtliche Mitarbeiter tätig werden, ist es besonders wichtig, diese zu Küster-Lehrgängen zu schicken, um wenigstens eine gewisse Grundausbildung zu ermöglichen.

Neben der Anerkennung der ehrenamtlichen Leistung und der zusätzlichen Motivation, die eine Abordnung zu so einem Lehrgang bewirkt, besteht die Chance, daß im ehrenamtlichen Küster das Interesse an eigenständiger Weiterbildung geweckt wird. Hefte zur Kirchenpflege, wie sie z.B. das Bayerische Landesamt für Denkmalpflege herausgegeben hat[17], können dabei als Ergänzung dienen. - Da die Kirchenheizung in der Regel vom Küster bedient wird, ist es ganz besonders wichtig, ihm klarzumachen, daß er größten Einfluß auf den Erhalt des Kulturgutes in der Kirche hat, und wie er - abhängig von der Luftfeuchte - beim Heizen und Lüften vorgehen muß.

---

[17] Dietrich, Dagmar, Der Kirchenbau und seine Ausstattung, Arbeitsh. 13, Hrsg. Bayerisches Landesamt für Denkmalpflege, München 1982

6.D Orgelsachverständige

Die Orgelsachverständigen sind als beratende Fachleute, die "Anwäl-
te" der Gemeinden und der Instrumente. Sie können gravierende
Schäden verhindern, wenn sie denn rechtzeitig einbezogen werden.
Genau hier liegt ein Problem: Bei (Bau-)Maßnahmen an Kirchen, aber
auch bei Maßnahmen an der Orgel selbst, wird häufig versäumt, Orgelsachverständige zu konsultieren. Oft werden sie erst gerufen,
wenn Schäden schon eingetreten sind. Hier muß sich der Eigentümer
der Orgel, die Gemeinde, darüber im Klaren sein, daß es gilt, sowohl
Wünsche des Organisten nach Maßnahmen, als auch Vorschläge des
Orgelbauers, ebenso kritisch zu überprüfen, wie die Verträglichkeit
von Maßnahmen an und in Kirchen - sei es unter der Planung eines
Architekten, seien es von Handwerkern selbst verantwortete Tätigkeiten.

Speziell in den neuen Bundesländern, wo kleine Kirchengemeinden
jahrzehntelang weder die finanziellen Mittel hatten, die Orgeln fachgerecht pflegen zu lassen, noch ausreichend Orgelbaubetriebe existier-
ten, um neben staatlich gefordertem (Devisen beschaffendem) Neu-
bau und Export viele Instrumente restaurieren zu können, steht jetzt
einem großen Nachholbedarf eine viel zu geringe Personalausstattung bei kirchlichen Orgelsachverständigen gegenüber. In der Evangelischen Kirche Berlin-Brandenburg z.B. ist das ein Verhältnis von
einer 30%-Stelle zu etwa 1900 Instrumenten, von denen der überwiegende Teil kurz- oder mittelfristig der Betreuung bedarf. Hier wäre
eine ausreichende Personalausstattung dringend nötig, um Verluste
an Denkmalsubstanz zu verhindern.

Aber allein mit der Beratung von Gemeinden ist das Spektrum der
Aufgaben eines landeskirchlichen oder bischhöflichen Orgelsachverständigen noch nicht ausgeschöpft. Derzeit sind Ausbildungsdefizite
bezüglich der Orgelpflege an den kirchenmusikalischen Ausbildungsstätten selbst bei Vollzeitstudium die Regel (siehe nächster Abschnitt).
Gleichzeitig werden immer mehr Organisten mit sehr eingeschränkter
Ausbildung (C-Examen) oder gar ohne Ausbildung nur mit Anerken-

nungsprüfung (D-Prüfung) tätig. Hier kann der Orgelsachverständige durch Kurzkurse in Orgelpflege - idealerweise in Zusammenarbeit mit einem örtlichen Orgelbauer - zumindest für ein geschärftes Problembewußtsein bei den Organisten und für eine gewisse Grundausbildung sorgen.

Um die Aus- und Weiterbildung der Orgelsachverständigen selbst macht sich die Vereinigung der Orgelsachverständigen Deutschlands (VOD) verdient. In einem von der Vereinigung angebotenen mehrwöchigen Kurs wird hier, soweit bekannt weltweit einmalig, ein Fundament für eine verantwortungsvolle Tätigkeit in diesem Bereich gelegt.

6.E Kirchenmusikalische Ausbildungsstätten

Wenn bei der Ausbildung zum Diplommusiker oft nur 2 Semester lang 1 Semesterwochenstunde Vorlesung im Fach Orgelbaukunde vorgesehen ist[18], bedeutet dies, daß im Durchschnitt 25 Stunden Vorlesung für die gesamte Ausbildung eines Organisten in seiner Instrumentenkunde zur Verfügung stehen.

Dabei sind die Prüfungsanforderungen auch an Hochschulen, welche die dreifache Semesterwochenstundenzahl im Fach Orgelbaukunde vorsehen, nicht selten mit einer kurzen, rein mündlichen Prüfung, ungefähr so umrissen: "Orgelbaukunde (mündliche Prüfung): Nachweis gründlicher Kenntnisse der technischen Struktur und der klanglichen Parameter der Orgel sowohl in systematischer als auch in historischer Hinsicht, Nachweis der Kenntnis der wichtigsten Fachliteratur sowie der Fähigkeit zur Beurteilung von deren Qualität (Grundlage zur selbständigen Weiterbildung nach dem Studium), Nachweis von Grundkenntnissen in Akustik. Prüfungsdauer: 20 Minuten"[19]. Dies ist

---

[18] z.B. Studienordnung für den Diplomstudiengang Tasteninstrumente mit dem Abschluß Diplommusiker (Künstlerisches Diplom) und für das Aufbaustudium in der Fortbildungs- und Meisterklasse der Hochschule für Musik und Theater in München, vom 10. Februar 1998.
[19] Ordnung für die Diplomprüfung im Studiengang Kirchenmusik (B) des Fachbereichs Musik an der Johannes Gutenberg-Universität Mainz, v. 13. November 2001.

durchaus exemplarisch für die meisten Ausbildungsstätten für Kirchenmusiker. Es gibt oft keine praktische Ausbildung (wenn man vom Nachstimmen der Zungenpfeifen absieht, was an manchen Musikhochschulen gelehrt wird), keine praktische Prüfung in Orgelpflege, von Spezifika bei Denkmalorgeln ganz zu schweigen.

Die hohe Qualität moderner Geräte in Haushalt und Verkehr führt bei Organisten zu einer Erwartungshaltung an die Störungs- und Wartungsfreiheit technischer Einrichtungen, die aber bei Orgeln in normalen Kirchenräumen nicht erreichbar ist. Das gilt sowohl bei modernen wie auch bei historischen Instrumenten, wiewohl diese Störungen, die nötigen Kenntnisse vorausgesetzt, oft mit wenigen Handgriffen an der richtigen Stelle schnell wieder behebbar sind. Diese zu vermitteln muß selbstverständlicher Teil der Ausbildung jedes Organisten sein. Hier besteht großer Handlungsbedarf.

6.F Architekten

Architekten werden an den meisten Hochschulen und Universitäten nicht besonders in die Problematik der denkmalgerechten Restaurierung von Gebäuden geschweige denn im Umgang mit ortsfestem Kulturgut in Baustellen ausgebildet. Wünschenswert wäre hier ein Angebot von Hochschulseite, dafür eine zertifizierte Zusatzqualifikation zu erwerben, die dann als Voraussetzung für Aufträge im Denkmalbereich gefordert werden könnte. Da dies aber kurzfristig nicht in Sicht ist, empfiehlt es sich, die Denkmalschutzbehörden bei der Beauftragung von Architekten immer um Rat zu fragen.

Die Gemeinde als Bauherr sollte auf das Kulturgut in der Kirche hinweisen und sich vom Architekten erklären lassen, wie er dessen Schutz gewährleisten will. In Zweifelsfällen kann sowohl das kirchliche Bauamt, das naturgemäß über viel Erfahrung in dieser Hinsicht verfügt, ebenso beigezogen werden, wie Orgelbauer, Orgelsachverständige und Restauratoren.

Sollten dennoch aufgrund unterlassener Planung und Anordnung

Schäden entstanden sein, ist die denkmalgerechte Behebung durch kompetenteste Fachunternehmen dem Architekten und seiner Berufshaftpflichtversicherung in Rechnung zu stellen.

6.G Sponsoren/Stiftungen/Denkmalämter

Gerade diejenigen, die durch finanzielle Unterstützung zur Restaurierung und zum Erhalt einer Denkmalorgel beitragen, können durch gezielte Auflagen zur Förderung verbunden sind, zur Nachhaltigkeit der Maßnahmen beitragen. Derzeit sind die einzigen solchen Auflagen der Abschluß eines Wartungsvertrages mit dem restaurierenden Orgelbauer. Desweiteren gewähren manche Förderer nur dann Zuschüsse, wenn sichergestellt ist, daß das Instrument auch regelmäßig benutzt wird. Diese guten Ansätze sollten ergänzt werden.

Bei den in der Regel hohen Fördersummen wäre die Anschaffung und nachweisliche Nutzung eines Thermohygrographen sicherlich eine sinnvolle Auflage, zumal es ohne eine Klimaaufzeichnung schwer wird, im Schadensfalle Gewährleistungsansprüche gegen den Orgelbauer, der die Restaurierung ausführte, geltend zu machen.

Eine gründliche Einweisung des Organisten in das jeweilige Instrument bei der Übergabe durch den Orgelbauer könnte zukünftig Vetragsbestandteil der Restaurierungsaufträge sein.

7. Merkblätter

Unter den Annahmen, daß ein Merkblatt:

1. kurz und prägnant sein muß (also nur die wichtigsten Punkte enthalten darf), damit es gelesen und befolgt wird und daß

2. der Umfang eine Seite DIN A4 nicht überschreiten soll, damit es z.B. im Falle des Merkblattes für Küster neben der Heizungssteuerung gut sichtbar aufgehängt werden kann (hierfür dient die Kopiervorlage auf einer Seite nach jedem Merkblatt),

3. dennoch kurze Begründungen zur Überzeugung der Verantwortlichen nötig sind,

wurden die folgenden Vorschläge entworfen. Diese Entwürfe verstehen sich als Diskussionsgrundlage; Formulierung, Inhalt und Umfang werden sich im Praxistest erst noch als brauchbar erweisen müssen.

7.A Merkblatt für Organisten

1. Lassen Sie sich bitte eine Kopie des Wartungsvertrages für die Orgel sowie die Adresse und Telefonnummer des betreuenden Orgelbauers geben.

2. Lassen Sie sich vom Orgelbauer in die Besonderheiten Ihrer (Denkmal)Orgel einweisen!

- Wie ist die Traktur zu regulieren?

- Wann und wie braucht der Gebläsemotor Öl?

- Wie stimmen Sie die Zungenregister und welche anderen Verstimmungen können Sie selbst beheben?

3. Lassen Sie sich von der Gemeinde eine Liste über alle Schlüssel und Schlüsselinhaber, sowohl zum Spieltisch, als auch zum Orgelinneren (und gegebenenfalls zur Empore) geben. Halten sie die Orgel, vor allem das Orgelinnere, gegenüber Unbefugten unter Verschluß!

4. Kontrollieren Sie den in der Nähe der Orgel aufgestellten Thermohygrographen bei jedem Besuch der Orgel! Falls kein Thermohygrograph vorhanden ist, verlangen Sie die Anschaffung eines solchen! Nur mit seiner Hilfe können Sie Schäden an der Orgel abwenden und bei Störungen dem Orgelbauer die nötigen Hinweise auf die Ursachen geben.

- Bei Werten unter 45% relativer Luftfeuchtigkeit Sofortmaßnahmen ergreifen: Boden, wenn möglich, feucht wischen oder mit Wasser gefüllte Wannen aufstellen und Tücher so aufhängen, daß sie unten ins Wasser eintauchen. Notfalls die Heizung abschalten!

- Bei länger anhaltenden Werten über 85% durch gezieltes Lüften Entlastung schaffen. Küster und Gemeindevertretung informieren, gegebenenfalls mit dem betreuenden Orgelbauer Kontakt aufnehmen.

5. Halten sie die Orgel sauber:

- Radieren Sie nie auf dem Notenbrett, der Abrieb kann die Tastatur blockieren.

- Reinigen Sie den Bereich unter der Pedaltastatur, hier können sich sonst Motten ansiedeln und die ganze Orgel befallen.

- Spielen Sie nie mit Schuhen, die Sie auf der Straße getragen haben, Orgel.

- Bitten Sie den Küster um eine Fußmatte am Emporenzugang und regelmäßiges Wischen der Empore.

6. Spielen Sie die Orgel regelmäßig. Auch bei Nichtnutzung der Kirche im Winter mindestens einmal wöchentlich alle Tasten in Tutti-Registrierung durchspielen!

7. Sorgen Sie bitte dafür, daß nach dem Spiel die Beleuchtung, das Gebläse und die Heizung abgeschaltet werden. Sie können hierfür einen Schlüsselschalter oder einen Hauptschalter mit Kontrolleuchte und Zeitschaltuhr installieren lassen. Nach dem Spiel:

- Schwellwerk öffnen und

- Koppeln abschalten!

8. Führen Sie ein Fehlerheft und beschreiben Sie darin jede auftretende Störung so genau wie möglich. Ergänzen Sie dazu die bei Auftreten herrschenden Klimadaten (Luftfeuchte und Temperatur vom Thermohygrographen ablesen).

Merkblatt für Organisten (Kopiervorlage)

1. Lassen Sie sich bitte eine Kopie des Wartungsvertrages für die Orgel sowie die Adresse und Telefonnummer des betreuenden Orgelbauers geben.

2. Lassen Sie sich vom Orgelbauer in die Besonderheiten Ihrer (Denkmal-) Orgel einweisen!

- Wie ist die Traktur zu regulieren?
- Wann und wie braucht der Gebläsemotor Öl?
- Wie stimmen Sie die Zungenregister und welche anderen Verstimmungen können Sie selbst beheben?

3. Lassen Sie sich von der Gemeinde eine Liste über alle Schlüssel und Schlüsselinhaber, sowohl zum Spieltisch, als auch zum Orgelinneren (und gegebenenfalls zur Empore) geben. Halten sie die Orgel - vor allem das Orgelinnere - gegen Zutritt von Unbefugten unter Verschluß!

4. Kontrollieren Sie den in der Nähe der Orgel aufgestellten Thermohygrographen bei jedem Besuch der Orgel! (Falls kein Thermohygrograph vorhanden ist, verlangen Sie die Anschaffung eines solchen! Nur mit seiner Hilfe können Sie Schäden an der Orgel abwenden und bei Störungen dem Orgelbauer die nötigen Hinweise auf die Ursachen geben.)

- Bei Werten unter 45% relativer Luftfeuchtigkeit Sofortmaßnahmen ergreifen: Boden, wenn möglich, feucht wischen oder mit Wasser gefüllte Wannen aufstellen und Tücher so aufhängen, daß sie unten ins Wasser eintauchen. Notfalls die Heizung abschalten!
- Bei länger anhaltenden Werten über 85% durch gezieltes Lüften Entlastung schaffen. Küster und Gemeindevertretung informieren, gegebenenfalls mit dem betreuenden Orgelbauer Kontakt aufnehmen.

5. Halten sie die Orgel sauber:

- Radieren Sie nie auf dem Notenbrett, der Abrieb kann die Tastatur blockieren.
- Reinigen Sie den Bereich unter der Pedaltastatur, hier können sich sonst Motten ansiedeln und die ganze Orgel befallen.
- Spielen Sie nie mit Schuhen, die Sie auf der Straße getragen haben, Orgel.
- Bitten Sie den Küster um eine Fußmatte am Emporenzugang und regelmäßiges Wischen der Empore.

6. Spielen Sie die Orgel regelmäßig. Auch bei Nichtnutzung der Kirche im Winter mindestens einmal wöchentlich alle Tasten in Tutti-Registrierung durchspielen!

7. Sorgen Sie bitte dafür, daß nach dem Spiel die Beleuchtung, das Gebläse und die Heizung abgeschaltet werden. Sie können hierfür einen Schlüsselschalter oder einen Hauptschalter mit Kontrolleuchte und Zeitschaltuhr installieren lassen. Nach dem Spiel:

- Schwellwerk öffnen und
- Koppeln abschalten!

8. Führen Sie ein Fehlerheft und beschreiben Sie darin jede auftretende Störung so genau wie möglich. Ergänzen Sie dazu die bei Auftreten herrschenden Klimadaten (Luftfeuchte und Temperatur vom Thermohygrographen ablesen).

7.B Merkblatt für die Gemeindevertretung

1. Schließen Sie bitte einen Wartungsvertrag für ihre (Denkmal-)Orgel
ab! Wie beim Auto die regelmäßige Inspektion, so verringert auch bei
der Orgel die regelmäßige Wartung große und teuere Schäden. Ein
Wartungsvertrag mit Nachstimmung der Orgel schlägt bei kleineren
Instrumenten mit etwa 60 Euro/Register, bei größeren mit ca. 50 Eu-
ro/Register pro Wartung zu Buche. Zu Inhalt und Umfang berät Sie
der Orgelsachverständige. Im Normalfall ist eine Wartung jährlich
sinnvoll.

2. Bilden Sie eine Rücklage für die Revision der Orgel. Diese große
Inspektion mit Ausbau aller Pfeifen und Reinigung aller Teile der Orgel ist - je nach Verschmutzung des Instrumentes im Inneren - etwa
alle 15 - 25 Jahre fällig. Wenn Sie pro Register der Orgel für die Revision etwa das 10-fache der jährlichen Wartung ansetzen, also ca.
500 Euro und von etwa 20 Jahren ausgehen, so reicht es, jährlich
etwa 25-30 Euro/Register zurückzustellen.

Insgesamt kostet die Werterhaltung der Orgel bei regelmäßiger Wartung 75-90 Euro pro Jahr und Register der Orgel.

3. Übergeben Sie bitte die Orgel in aller Form in die Verantwortung
des Organisten. Er benötigt eine Liste über alle Schlüssel des Instrumentes und alle Schlüsselinhaber. Ebenso muß er eine Kopie des
Wartungsvertrages und das Fehlerheft erhalten. Wenn das Übergabeprotokoll auch Informationen über Erbauer, Geschichte und Besonderheiten der Orgel enthält, wird der Organist dem Instrument mit
noch größerer Wertschätzung begegnen.

4. Werden größere Maßnahmen an der Orgel erwogen (Reparaturen,
aber auch Veränderungen wie Rekonstruktionen oder Erweiterungen),
lassen Sie durch einen Orgelsachverständigen prüfen, ob die geplanten Maßnahmen zulässig, sinnvoll und wirtschaftlich sind.

5. Schaffen Sie bitte einen Thermohygrographen an! Nur mit den Aufzeichnungen dieses Gerätes lassen sich größere Schäden im Vorfeld verhindern. Die Kosten eines solchen Apparates sind mit ca. 600 Euro niedriger, als auch die kleinste Reparatur eines Klimaschadens an Ihrer Kirchenausstattung. Dieses Gerät bietet auch eine wirksame Kontrolle der Heizungswirkung. Bei Gewährleistungsansprüchen nach einer Restaurierung, z.B. der Orgel, läßt sich damit auch beweisen, daß keine Fehler durch falsches Heizen und Lüften der Kirche entstanden sind.

6. Sorgen Sie bitte dafür, daß der Küster in die richtige Bedienung der Heizung und das korrekte Lüften der Kirche eingewiesen wird und die Auswirkungen auch am Thermohygrographen kontrolliert. Hierdurch werden gravierende Schäden vermieden.

7. Lassen Sie sich vom Organisten, vom Küster und vom gegebenenfalls tätigen Architekten die Kenntnisnahme der jeweiligen Merkblätter unterschreiben.

Merkblatt für die Gemeindevertretung (Kopiervorlage)

1. Schließen Sie bitte einen Wartungsvertrag für ihre (Denkmal-)Orgel ab! Wie beim Auto die regelmäßige Inspektion, so verringert auch bei der Orgel die regelmäßige Wartung große und teuere Schäden. Ein Wartungsvertrag mit Nachstimmung der Orgel schlägt bei kleineren Instrumenten mit etwa 60 Euro/Register, bei größeren mit ca. 50 Euro/Register pro Wartung zu Buche. Zu Inhalt und Umfang berät Sie der Orgelsachverständige - im Normalfall ist eine Wartung jährlich sinnvoll.

2. Bilden Sie eine Rücklage für die Revision der Orgel. Diese große Inspektion mit Ausbau aller Pfeifen und Reinigung aller Teile der Orgel ist - je nach Verschmutzung des Instrumentes im Inneren - etwa alle 15 - 25 Jahre fällig. Wenn Sie pro Register der Orgel für die Revision etwa das 10-fache der jährlichen Wartung ansetzen, also ca. 500 Euro und von etwa 20 Jahren ausgehen, so reicht es, jährlich etwa 25-30 Euro/Register zurückzustellen.

Insgesamt kostet die Werterhaltung der Orgel bei regelmäßiger Wartung 75-90 Euro pro Jahr und Register der Orgel.

3. Übergeben Sie bitte die Orgel in aller Form in die Verantwortung des Organisten. Er benötigt eine Liste über alle Schlüssel des Instrumentes und alle Schlüsselinhaber. Ebenso muß er eine Kopie des Wartungsvertrages und das Fehlerheft erhalten. Wenn das Übergabeprotokoll auch Informationen über Erbauer, Geschichte und Besonderheiten der Orgel enthält, wird der Organist dem Instrument mit noch größerer Wertschätzung begegnen.

4. Werden größere Maßnahmen an der Orgel erwogen (Reparaturen, aber auch Veränderungen wie Rekonstruktionen oder Erweiterungen), lassen Sie durch einen Orgelsachverständigen prüfen, ob die geplanten Maßnahmen zulässig, sinnvoll und wirtschaftlich sind.

5. Schaffen Sie bitte einen Thermohygrographen an! Nur mit den Aufzeichnungen dieses Gerätes lassen sich größere Schäden im Vorfeld verhindern. Die Kosten eines solchen Apparates sind mit ca. 600 Euro niedriger, als auch die kleinste Reparatur eines Klimaschadens an Ihrer Kirchenausstattung. Dieses Gerät bietet auch eine wirksame Kontrolle der Heizungswirkung. Bei Gewährleistungsansprüchen nach einer Restaurierung, z.B. der Orgel, läßt sich damit auch beweisen, daß keine Fehler durch falsches Heizen und Lüften der Kirche entstanden sind.

6. Sorgen Sie bitte dafür, daß der Küster in die richtige Bedienung der Heizung und das korrekte Lüften der Kirche eingewiesen wird und die Auswirkungen auch am Thermohygrographen kontrolliert. Hierdurch werden gravierende Schäden vermieden.

7. Lassen Sie sich vom Organisten, vom Küster und vom gegebenenfalls tätigen Architekten die Kenntnisnahme der jeweiligen Merkblätter unterschreiben.

7.C Merkblatt für Küster

1. Lassen Sie sich bitte, wenn nötig vom Heizungsbauunternehmen, gründlich in die Bedienung der Heizung einweisen

2. Heizen Sie die Kirche bei Veranstaltungen bitte rechtzeitig an und wieder ab.

- Die Temperatur darf dabei nicht schneller als 1,5 Grad pro Stunde steigen oder sinken (besser ist 1 Grad/Stunde), sonst drohen gro-ße Schäden an der gesamten Ausstattung aus Holz: Altar, Bänke, Orgel etc.!

- Die Temperatur darf auch nicht schneller sinken, sonst droht ne-ben Holzschäden Schwitzwasserbildung an kühleren Stellen.

- Sie sollten nicht höher als auf 15 Grad heizen (bei genauer Über-wachung und Einhalten des Grenzwertes von mindestens 45% rel. Luftfeuchte kann zur Not auch auf 18 Grad hochgeheizt werden).

3. In jedem Fall ist beim Heizen und Lüften Ihr wichtigstes Werkzeug der Thermohygrograph.

Bei Werten unter 45% relativer Luftfeuchtigkeit Sofortmaßnahmen er-greifen:

- Boden, wenn möglich, feucht wischen oder

- mit Wasser gefüllte Wannen aufstellen und Tücher so aufhängen, daß sie unten ins Wasser eintauchen.

- Notfalls die Heizung abschalten!

- Bei zu trockener Luft im Winter können Sie Regentage mit feuchter Außenluft zum Befeuchten durch Lüften der Kirche nutzen.

- Bei länger anhaltenden Werten über 85% schaffen Sie bitte auch durch gezieltes Lüften Entlastung, indem Sie der Luft durch Lüften an Tagen mit trockenem Frost Feuchtigkeit entziehen.

Sollte es nicht möglich sein, so die Grenzwerte einzuhalten, so informieren Sie bitte die Gemeindevertretung, die dann gegebenenfalls mit einem Klimafachmann Kontakt aufnehmen kann.

4. Wenn Sie die Kirche reinigen, ist, vorausgesetzt, daß das Material des Fußbodens dies zuläßt, feuchtes Wischen die beste Methode, die verhindert, daß Staub aufgewirbelt wird und nachher von anderen Ausstattungstücken wieder entfernt werden muß.

5. Erkundigen Sie sich nach Lehrgängen für Küster, wie sie die Landeskirchen oder Diözesen anbieten, auch Ihre Kirchengemeinde wird Ihnen sicher gern diese Möglichkeit zur Weiterqualifikation gewähren.

Merkblatt für Küster (Kopiervorlage)

1. Lassen Sie sich bitte, wenn nötig vom Heizungsbauunternehmen, gründlich in die Bedienung der Heizung einweisen

2. Heizen Sie die Kirche bei Veranstaltungen bitte rechtzeitig an und wieder ab.

- Die Temperatur darf dabei nicht schneller als 1,5 Grad pro Stunde steigen (besser ist 1 Grad/Stunde), sonst drohen große Schäden an der gesamten Ausstattung aus Holz: Altar, Bänke, Orgel etc.!

- Die Temperatur darf auch nicht schneller sinken, sonst droht neben Holzschäden Schwitzwasserbildung an kühleren Stellen.

- Sie sollten nicht höher als auf 15 Grad heizen (bei genauer Überwachung und Einhalten des Grenzwertes von mindestens 45% rel. Luftfeuchte kann zur Not auch auf 18 Grad hochgeheizt werden).

3. In jedem Fall ist beim Heizen und Lüften Ihr wichtigstes Werkzeug der Thermohygrograph.

Bei Werten unter 45% relativer Luftfeuchtigkeit Sofortmaßnahmen ergreifen:

- Boden, wenn möglich, feucht wischen oder

- mit Wasser gefüllte Wannen aufstellen und Tücher so aufhängen, daß sie unten ins Wasser eintauchen.

- Notfalls die Heizung abschalten!

- Bei zu trockener Luft im Winter können Sie Regentage mit feuchter Außenluft zum Befeuchten durch Lüften der Kirche nutzen.

- Bei länger anhaltenden Werten über 85% schaffen Sie bitte auch durch gezieltes Lüften Entlastung, indem Sie der Luft durch Lüften an Tagen mit trockenem Frost Feuchtigkeit entziehen.

Sollte es nicht möglich sein, so die Grenzwerte einzuhalten, informieren Sie bitte die Gemeindevertretung, die dann gegebenenfalls mit einem Klimafachmann Kontakt aufnehmen kann.

4. Wenn Sie die Kirche reinigen, ist, vorausgesetzt, daß das Material des Fußbodens dies zuläßt, feuchtes Wischen die beste Methode, die verhindert, daß Staub aufgewirbelt wird und nachher von anderen Ausstattungstücken wieder entfernt werden muß.

5. Erkundigen Sie sich nach Lehrgängen für Küster, wie sie die Landeskirchen oder Diözesen anbieten, auch Ihre Kirchengemeinde wird Ihnen sicher gern diese Möglichkeit zur Weiterqualifikation gewähren.

7.D Merkblatt für Architekten

1. Wenn Sie zu Maßnahmen in oder Planungen an Kirchenräumen aufgefordert werden, nehmen Sie bitte, so wie Sie selbstverständlich zu kirchlichen Baubehörden (und gegebenenfalls zum Denkmalamt) Kontakt aufnehmen, diesen auch zum Orgelsachverständigen auf!

Dies erspart Ihnen im Zweifelsfall umfangreiche Neu- und Umplanungen, sowie eine Inanspruchnahme Ihrer Berufshaftpflichtversicherung für Schäden am Kulturgut, wie z.B. der Orgel.

2. Wenn Sie Maßnahmen an historischen Kirchen planen oder durchführen sollen, bei denen eine Veränderung des Raumklimas zu erwarten ist (Einbau dichterer Fenster, einer Wärmedämmung oder einer Heizung etc.), beginnen Sie bitte unverzüglich mit einer Klimaaufzeichnung im Raum. Ein erheblicher Teil des Kulturgutes in der Kirche besteht aus Holz, das die Neigung hat, sich dem Raumklima anzugleichen und dabei seine Ausdehnung stark zu verändern, was zu irreparablen Schäden führen kann.

Stellen Sie bitte, falls dies nicht ohnehin schon von Gemeindeseite erfolgt ist, einen Thermohygrographen auf. Damit gewinnen Sie ausreichend Daten über die Verhältnisse vor der Veränderung, mit denen gegebenenfalls Restaurator und Klimafachmann die Werte nach den Baumaßnahmen vergleichen und Maßnahmen zum Erhalt des Kulturgutes in der Kirche vorschlagen können.

Auch *während* der Maßnahmen sind die Aufzeichnungen des Thermohygrographen wichtig, damit eventuell von Restauratoren oder vom Denkmalschutz vorgegebene Grenzwerte kontrolliert und eingehalten werden können.

Schließlich muß die Aufzeichnung auch nach Abschluß der Maßnahmen fortgeführt werden, damit das Ausmaß der Veränderung des Raumklimas nachvollziehbar wird.

3. Bei Maßnahmen, bei denen mit starkem Feuchtigkeitseintrag zu rechnen ist, wie Maler- oder Verputzarbeiten, muß die Orgel durch den Orgelbauer entsprechend vorbereitet und geschützt werden. Das gleiche gilt für Maßnahmen, die zu Staubentwicklung führen, wie Schleifen, Trennen, Abbruch, etc. Auch hier muß der Orgelbauer entscheiden, ob die Orgel eingehaust werden kann oder ein Teil- oder Komplettabbau nötig und möglich ist.

4. Analog gilt dies auch für alles andere Kulturgut in der Kirche, nur daß dabei an Stelle des Orgelbauers entsprechend qualifizierte Restauratoren benötigt werden. Auch hier können die kirchliche Baubehörde und das Denkmalamt Auskunft geben.

Merkblatt für Architekten (Kopiervorlage)

1. Wenn Sie zu Maßnahmen in oder Planungen an Kirchenräumen aufgefordert werden, nehmen Sie bitte, so wie Sie selbstverständlich zu kirchlichen Baubehörden (und gegebenenfalls zum Denkmalamt) Kontakt aufnehmen, diesen auch zum Orgelsachverständigen auf!

Dies erspart Ihnen im Zweifelsfall umfangreiche Neu- und Umplanungen, sowie eine Inanspruchnahme Ihrer Berufshaftpflichtversicherung für Schäden am Kulturgut, wie z.B. an der Orgel.

2. Wenn Sie Maßnahmen an historischen Kirchen planen oder durchführen sollen, bei denen eine Veränderung des Raumklimas zu erwarten ist (Einbau dichterer Fenster, einer Wärmedämmung oder einer Heizung etc.), beginnen Sie bitte unverzüglich mit einer Klimaaufzeichnung im Raum. Ein erheblicher Teil des Kulturgutes in der Kirche besteht aus Holz, das die Neigung hat, sich dem Raumklima anzugleichen und dabei seine Ausdehnung stark zu verändern, was zu irreparablen Schäden führen kann.

Stellen Sie bitte, falls dies nicht ohnehin schon von Gemeindeseite erfolgt ist, einen Thermohygrographen auf. Damit gewinnen Sie ausreichend Daten über die Verhältnisse vor der Veränderung, mit denen gegebenenfalls Restaurator und Klimafachmann die Werte nach den Baumaßnahmen vergleichen und Maßnahmen zum Erhalt des Kulturgutes in der Kirche vorschlagen können.

Auch *während* der Maßnahmen sind die Aufzeichnungen des Thermohygrographen wichtig, damit eventuell von Restauratoren oder vom Denkmalschutz vorgegebene Grenzwerte kontrolliert und eingehalten werden können.

Schließlich muß die Aufzeichnung auch nach Abschluß der Maßnahmen fortgeführt werden, damit das Ausmaß der Veränderung des Raumklimas nachvollziehbar wird.

3. Bei Maßnahmen, bei denen mit starkem Feuchtigkeitseintrag zu rechnen ist, wie Maleroder Verputzarbeiten, muß die Orgel durch den Orgelbauer entsprechend vorbereitet und geschützt werden. Das gleiche gilt für Maßnahmen, die zu Staubentwicklung führen, wie Schleifen, Trennen, Abbruch, etc. Auch hier muß der Orgelbauer entscheiden, ob die Orgel eingehaust werden kann oder ein Teil- oder Komplettabbau nötig und möglich ist.

4. Analog gilt dies auch für alles andere Kulturgut in der Kirche, nur daß dabei an Stelle des Orgelbauers entsprechend qualifizierte Restauratoren benötigt werden. Auch hier können die kirchliche Baubehörde und das Denkmalamt Auskunft geben.

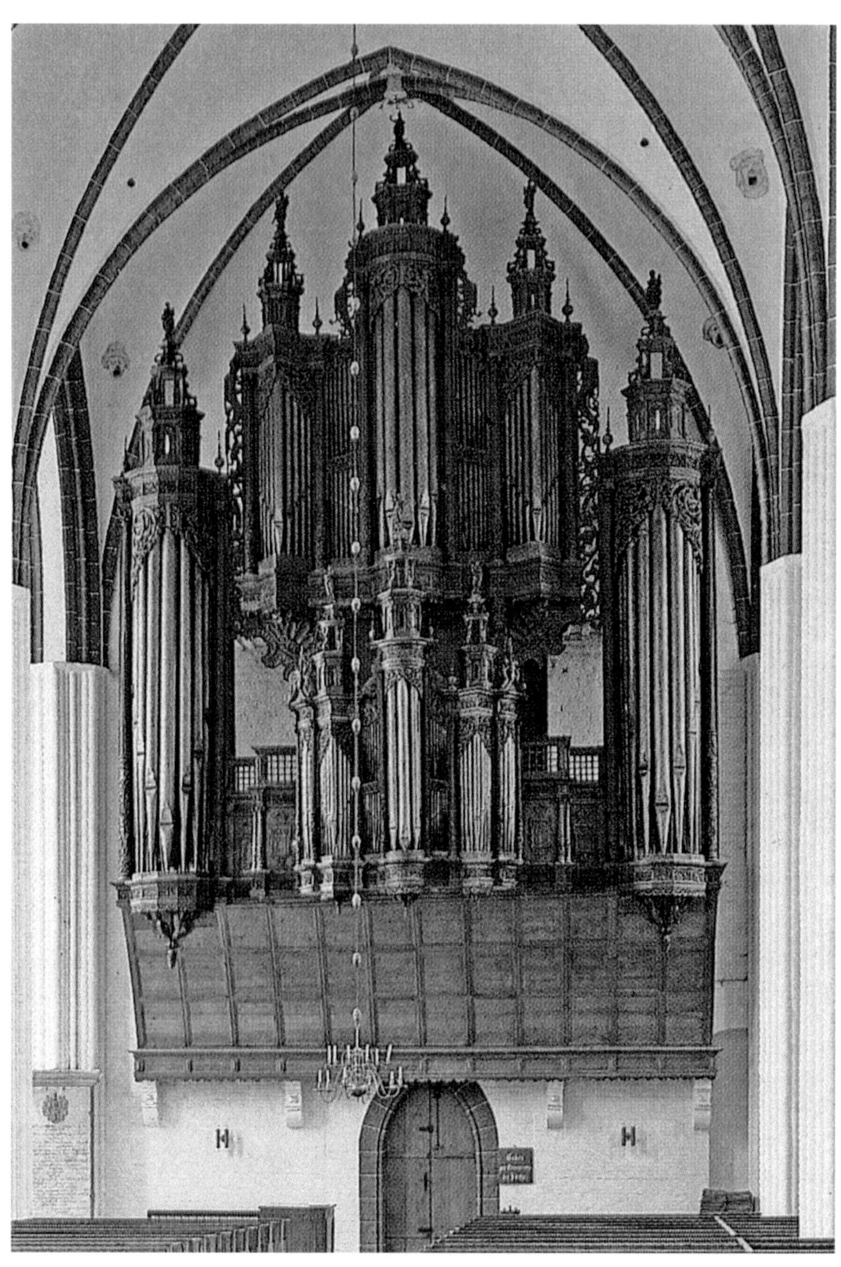

Die größte und bedeutendste erhaltene Frühbarockorgel von Hans Scherer d.J. aus Hamburg, erbaut 1623-24, in Tangermünde (Altmark)

8. Ausblick

Die vorliegende Arbeit zeigt im wesentlichen zwei Ansätze für eine zukünftig verbesserte Situation der Orgel(denkmal)pflege:

1. Als „kleine Lösung" und ein erster Schritt zur Vermeidung weiterer unnötiger Schäden an (Denkmal-)Orgeln sollten Merkblätter, wie die hier erstellten, in der Praxis eingesetzt und erprobt werden. Über die Vereinigung der Orgelsachverständigen Deutschlands, die Orgelbeauftragten der Landesdenkmalämter und Orgelbauunternehmen können Erfahrungen sowie Ergänzungs- und Verbesserungsvorschläge gesammelt werden, die in zukünftige Versionen der Merkblätter eingearbeitet werden sollten.

2. Die Verbesserung des Informationsaustausches zwischen allen Beteiligten. Die Recherche nach Merkblättern und Empfehlungen bei den Fachbehörden war weitgehend ergebnislos. Das erstaunt zunächst nicht, da die Landesdenkmalämter bei der Fülle der von ihnen bearbeiteten Kulturgüter kaum zu allen Arten derselben spezielle Handreichungen bereithalten können. Andererseits waren aber auch die Merkblätter des Bundes Deutscher Orgelbaumeister (BDO) und der Vereinigung der Orgelsachverständigen Deutschlands, die es zu Einzelaspekten, wie z.B. dem Heizen von Kirchen gibt, in den Fachbehörden weitgehend unbekannt. Angesichts der Bedeutung der Denkmalorgeln als Kulturgut, das nicht nur in kunstgeschichtlicher, musikgeschichtlicher und technikgeschichtlicher Hinsicht Zeugnis gibt, sondern auch, wenn auf ihm musiziert wird, den Menschen in einer einmalig direkten Art seinen Denkmalwert erfahren lassen kann, besteht hier Handlungsbedarf.

Ein Ansatz hierzu, der zentral für alle Landesdenkmalämter (sowie Landeskirchen und Diözesen) die nötigen Fachkenntnisse zur Verfügung stellen kann, sei es für die Beurteilung bei Unterschutzstellungen, für Restaurierungsmaßnahmen oder den Erhalt bei der normalen Nutzung der Instrumente, wäre die Schaffung einer, den Denkmalämtern weder unterstellten, noch übergeordneten, wissenschaftlichen

Forschungsstelle für Orgeldenkmalpflege. Eine solche Einrichtung wäre zugleich bestens geeignet, Informationen, die lokal anfallen, zu sammeln, auszuwerten und dort wo Bedarf besteht, zur Verfügung zu stellen.

Eine weitere Aufgabe einer solchen zentralen orgelwissenschaftlichen Forschungsstelle wäre, angesichts der stetig sinkenden Mittel der öffentlichen Hand, eine kontinuierliche Publikation der Forschungsergebnisse in öffentlichkeitswirksamer Form, da nur über eine exzellente Öffentlichkeitsarbeit Spender und Sponsoren für die Orgeldenkmalpflege zu gewinnen sind.

9. Literatur

Adlung, Jacob, Musica Mechanica Organoedi, Berlin 1768

Albrecht, Peter / Balz, Martin / Bauermann, Klaus / Geitl, Rainer u. Menger, Reinhardt, Kirchenheizung und Orgel, Merkblatt der Evang Kirche in Hessen und Nassau, in Kirchenmusikalische Nachrichten des Amtes für Kirchenmusik, Frankfurt/Main 1998 Heft I.

Badertscher, H., Kirchenheizung und Luftbefeuchtung - Ihr Einfluß auf die Orgeln in den Kirchen, Hrsg.: plascon ag, Basel 1960

Balz, Martin, Orgelpflege: Kirchenrenovierungen, eine häufig unterschätzte Gefahr für die Orgel, in: Ars Organi 2000 Heft 2

Balz, Martin, Orgelpflege Teil II: Reinigungen, in: Ars Organi 1999 Heft 2

Balz, Martin, Zur Bedeutung von Orgelpflegeverträgen, in: Ars Organi 1998 Heft 2

Brandenburgisches Denkmalschutzgesetz (BbgDSchg) vom 22. Juli 1991 (GVBl. S. 311) zuletzt geändert 18. Dezember 1997 (GVBl. I S. 124)

Bund Deutscher Orgelbaumeister e.V. (Hrsg.), Warum muß eine Orgel gewartet werden, München 1983

Dietrich, Dagmar, Der Kirchenbau und seine Ausstattung, Arbeitsheft 13, Hrsg. Bayerisches Landesamt für Denkmalpflege, S. 57, München, 1982

Ellerhorst, Winfried, Handbuch der Orgelkunde, Einsiedeln 1936

Kares, Martin, Kleinorgeln, Karlsruhe 1998

Meyers Lexikon in zwölf Bänden, Bibliographisches Institut, Leipzig 1928

Müller, Michael Christian, Orgeldenkmalpflege (Grundlagen und Methoden am Beispiel des Landkreises Nienburg/Weser), Arbeitshefte zur Denkmalpflege in Niedersachsen, Band 29, Hannover 2003

Riemann, Hugo, Katechismus der Orgel (Orgellehre), Leipzig 1888

Schieder, Niclas W., Werkstoffe I (Grundkurs Ausbildung von Orgelsachverständigen),Oskar-Walcker-Schule, Ludwigsburg 2003

Schmelz, Ulrich, Pilzbefall in Orgeln, in: Ars Organi 2003 Heft 2

Theodor Mahr Söhne GmbH, Alte Kirchen richtig heizen, Selbstverlag, Aachen, o.J.

Vereinigung der Landesdenkmalpfleger i. d. Bundesrepublik Deutschland und Bayerisches Landesamt für Denkmalpflege (Hrsg.), Vorsorge, Pflege, Wartung (Empfehlungen zur Instandhaltung von Baudenk-mälern und ihrer Ausstattung), Berichte zu Forschung und Praxis der Denkmalpflege in Deutschland, Heft 10, München 2002

Vereinigung der Orgelsachverständigen Deutschlands, Orgel-Checkliste für Architekten und Bauleiter bei Kirchenrenovierungen, Karlsruhe, o.J.

Fotonachweis:

S. 13 Edition Valeria: Maurice Wenger, CH-Sion

S. 14 Edition Valeria: Maurice Wenger, CH-Sion

S. 37 Schuke-Firmenarchiv, Werder a.d. Havel

S. 38 Schuke-Firmenarchiv, Werder a.d. Havel

S. 42 Stiftung Thüringer Schlösser & Gärten
        Foto: Constantin Beyer, Weimar

S. 64 Schuke-Firmenarchiv, Werder a.d. Havel

Der Autor und der Verlag bedanken sich sehr herzlich für die freundliche Bereitstellung des Bildmaterials.